Obligación Moral

por

Gary Sowell

Versión en Español

por

Reyna Piña

authorHOUSE®

AuthorHouse™ LLC
1663 Liberty Drive
Bloomington, IN 47403
www.authorhouse.com
Phone: 1-800-839-8640

Published by AuthorHouse   07/09/2013

ISBN: 978-1-4817-5902-1 (sc)
ISBN: 978-1-4817-5903-8 (e)

Library of Congress Control Number: 2013910005

"La felicidad y el deber moral están inseparablemente conectados"

* George Washington

Obligación Moral

A mi adorado hijo Jorge

Gracias Michael, mi querido esposo

"Obligación Moral" (Moral Obligation) es un libro escrito por Gary Sowell que da cuenta reveladora de situaciones reales que suceden día a día. Como editor de este libro pasé incontables horas buscando en el fondo de mi alma la reevaluación de mi propia moral en caso de que la vida me pusiese en situaciones similares a las que se plantean en esta obra. En un momento dado tuve que abrir mi mente para mirar los escenarios con más profundidad y encontré que mis prejuicios, mi pasado y mis precepciones habían estado algo ciegos e inservibles en lo que se refiere a obligaciones morales. Pero me quedó claro que en un mundo en constante cambio, mantenerse firme para hacer lo correcto y a la vez ser flexible nos confronta desde el núcleo de nuestro ser. Sin duda, permanecer inquebrantable a tu moral no es una tarea fácil, pero es importante para poder mantenerse fiel a uno mismo.

Gracias a estas historias, mi vida ha cambiado para mejorar.

Jennifer Ancona
Editor de la versión en inglés

Considero que todo escritor debe tener no sólo el talento para escribir sino también la capacidad de observar, escuchar, percibir, captar y distinguir para poder tomar nota de todo, sea de temas polémicos o de simples y cotidianas situaciones, pero además, debe ser también un buen conversador y dedicar el tiempo para compartir opiniones con los demás.

Tal es el caso del autor de este libro, quien después de regalarme infinitas horas de largas conversaciones hizo que redescubriera mi naturaleza al exaltar algunas virtudes que estaban aletargadas en mí, las cuales según él, pudieran ser un ejemplo y motivación para muchos. Pero más allá de los elogios mejor aún fue el hecho de captar mi personalidad, colocarla como protagonista de esta historia y hacerla memorable . . .

Y profundamente orgullosa pero con humildad a la vez puedo decir que he sido privilegiada y distinguida cuando años atrás conocí a este gran escritor; Gary Sowell, hoy día mi muy buen amigo, con quien he tenido la dicha de intercambiar miles de opiniones e ideas o discutir y debatir diversos sucesos, desde trivialidades hasta situaciones complejas, también compartir puntos de vista o sencillamente gozar de largas charlas.

Gary y yo sin querer comenzamos un proyecto simple que poco a poco fue tomando forma y creció hasta llegar a ser grande, con el cual, además de darme una gran satisfacción, me ha proporcionado el incomparable honor de ser la protagonista de su libro "Moral Obligation" (titulo original en inglés) y no solo eso, al mismo tiempo me permitió hacer la versión de esta obra en mi idioma natal y poder presentarla a quienes como yo, hablamos, sentimos y expresamos en español.

En "Obligación Moral" se puede notar mucho de mí, Gary hizo un retrato impecable mi personalidad y aunque no es exactamente una biografía, destaca en su contenido muchas de mis ideas, pensamientos, puntos de vista y opiniones acerca de todas las historias reales aquí plasmadas y de las cuales constantemente fue surgiendo en mí una y otra vez la misma pregunta . . .

¿Y qué haría yo si estuviese en la misma situación?

Muchas gracias Gary por dedicar tu tiempo, por hacerme revalorar una y otra vez mi Obligación Moral y por permitirme interpretar tu obra en mi idioma.

Reyna Piña

Si bien la obligación moral nos da la capacidad de establecer nuestra conducta no siempre determinará que nuestras acciones sean correctas o erróneas.

La obligación moral se basa primeramente en el ejemplo de nuestros padres, en las tradiciones generacionales y sociales así como en el conocimiento que adquirimos a través de nuestras experiencias, con todo eso se conforma una línea guía que nos delineará tratando de mantenernos comprometidos hacia lo que son nuestras expectativas y a las acciones que tomaremos para lograrlas. Sin embargo es a menudo el tiempo quien a determinará y juzgará cuál ha sido nuestro mejor actuar.

Decidir cuál es el estándar moral es una tarea solitaria especialmente porque ésta suele oponerse a las opiniones de los demás. Más aún lo es cuando tratamos de determinar la obligación moral hacia nosotros mismos pues es ahí cuando debemos mantener nuestra mentalidad abierta ya que de ésta manera podremos discurrir el cuadro entero considerando todas sus partes en vez de limitarnos solamente una pieza.

Y para mantener la responsabilidad sólo de lo que hacemos y del cómo lo hacemos es necesario no cerrarnos pues siempre estaremos bajo el microscopio. Muchas veces tratamos de encubrir todo con capas y seguramente es ahí cuando no podemos hacer buenos juicios de nuestras acciones, las cuales, cabe decir, no son ni correctas o incorrectas, simplemente son, cada quien le dará el juicio de valor dependiendo de su historia personal.

Pero algo que realmente ayuda a determinar el que una conducta sea acertada y el cómo actuaremos ante ello será precisamente la apertura con la que damos frente a todo lo que la vida nos presenta en ciertos momentos, tal como se aprecia en las historias que a continuación se presentan, las cuales están basadas en hechos reales y cotidianos y que pudieran pasarle a cualquiera y quién sabe, quizá usted mismo alguna vez podría encontrarse en alguna de esas situaciones y tendría que pensar entonces si acaso habrá tomado la decisión correcta, la que por cierto, al final siempre parecerá diferente pues hay decisiones que creemos que son las más morales u honestas y por lo tanto son hechas intencionadamente en ese momento dado pensando que era lo mejor.

Es así que al plantearse el dilema de la obligación moral en nuestras decisiones, en consecuencia, nos podría permitir mirar hacia otra perspectiva y dar una visión periférica más amplia que nos revele un cuadro más global pero del que podrían surgir cuestionamientos tales como; ¿habrá sido mi obligación moral auténtica?, ¿cuáles serán las influencias del pasado que he venido repitiendo?, ¿será acaso que dentro de mí existen puertas cerradas que no estoy dispuesto a abrir para revelar lo que hay dentro?, ¿cuál es realmente el riesgo que corro?, ¿habré considerado ya todas las piezas del rompecabezas incluyéndome a mí mismo?

Enfaticemos primero en algunos puntos de referencia con el propósito de leer las historias en este libro. Tomemos algunos comentarios y definiciones de ciertas palabras o conceptos que estaremos viendo a menudo a lo largo de la lectura y que están relacionados entre sí, tales como; la obligación moral, el uso de la razón, sentido común y mentalidad abierta.

El diccionario de la Real Academia de la Lengua Española en su vigésima tercera edición menciona en su primera definición acerca de moral, como a lo "perteneciente o relativo a las acciones o caracteres de las personas desde el punto de vista de la bondad o malicia" y por otro lado define por obligación a "aquello que alguien está obligado a hacer." Es así que asumimos que obligación moral es el surgimiento del sentido de lo correcto o lo equivocado desde la propia conciencia. Por su parte algunos estudios de ética dirán que la obligación moral es "la presión que ejerce la razón sobre la voluntad, frente a un valor".

Entonces si la obligación moral se ha definido como ese límite dado por la conciencia del sujeto para regirse a tener una conducta y carácter correctos, ¿seguirá significando lo mismo hoy en día? Porque tal parece que al paso del tiempo esto ha ido tomando un dramático cambio y en la actualidad podemos apreciar que la palabra *moral* es usada vagamente como una expresión cualquiera, ¿por qué habrá cambiado tanto de su significado original?

Observamos que según cambia la historia se modifica igualmente la sociedad, tanto en sus valores como sus comportamientos. Los patrones que recibimos de las instituciones familiares, religiosas, de la educación y hasta de los medios de comunicación tienen mucho que ver en el hecho de que nuestra conciencia se vaya reprogramando y así con tal bombardeo persuasivo dado en cada faceta de la vida, nuestra obligación moral original comienza a cambiar o a declinar o tal vez poco a poco se desenraiza haciendo que vayamos perdiendo el sentido de nosotros mismos y olvidando lo que es bueno, justo o correcto.

Y a pesar de que la sociedad trata y trata de impregnar o influenciar con el significado ético original de lo que es estar obligado a tu moralidad, tal parece que no ha sido suficiente y algunas actitudes se ven tan normales como si fueran cosa común. Por ejemplo ahí tenemos a los divorcios, ya se ve tan normal que hoy en día casi tres de cada cinco matrimonios, según lo marcan las estadísticas, terminen en disolución. Por otro lado tenemos a la corrupción, tanto del gobierno como de particulares, vemos como los ejecutivos o servidores estatales despilfarran los fondos de retiro de los empleados o las arcas públicas que no les pertenecen. Y en otros rubros tenemos incluso a la religión que con sus instituciones sermonean contra la inmoralidad pero no practican lo que predican. Es tan triste ver como las alteraciones del significado original de la obligación moral se han convertido en el estilo de vida de muchos.

Pero también para hablar de obligación moral debemos involucrar además otras nociones tales como; apertura mental, el uso de la razón y el sentido común. Veamos a grandes rasgos lo que entendemos acerca de tales conceptos.

Se dice que; ser de mentalidad abierta es tener la capacidad de ser receptivo a nuevas ideas o tener la razón libre de prejuicios o inclinaciones y son esas capacidades equilibradas alternadamente las que permiten que el sentido común le dé coherencia a nuestra obligación moral.

¿Pero qué es el sentido común? Seguramente muchos de nosotros habremos oído o dicho alguna vez, "¡Claro que sé lo que es el sentido común . . . es usar un paraguas en un día lluvioso!" y por supuesto que eso es usar el sentido común pero no es tan simple como decir esas palabras solamente. Demos otro vistazo y vayamos un poco más a fondo para encontrar significado a las palabras *sentido y común*.

La palabra *común* significa: "pertenecer de igual manera, igualdad entre dos o más." La palabra *sentido* tiene muchos significados pero para este propósito nos quedamos con el siguiente: "cualquier función animal de escuchar, ver, oler, tocar y probar."

Entre las funciones biológicas de los animales y los seres humanos gozamos de esos cinco sentidos, lo cual nos da una clara perspectiva acerca de una situación ya que éstos nos permiten tomar cada aspecto en consideración. Así es, los animales confían en sus sentidos pues de eso depende su vida y lo podemos apreciar por ejemplo durante un maremoto donde vemos que ellos se retiran hacia tierras más altas aún antes de que las olas toquen la orilla. ¿Qué es lo que los hace actuar así? . . . es simplemente la confianza hacia sus cinco sentidos que los alerta del peligro.

Los seres humanos no somos diferentes ¿pero qué sucede con nosotros?, ¿acaso habremos perdido ese toque de poner atención a nuestros sentidos?

Si solo escucháramos a nuestro cuerpo comprobaríamos que no miente y si atendiéramos atentamente usando los cinco sentidos sabríamos como descifrar todo lo que nos dice, entonces podríamos procesar lo que nos señala en cuanto a lo que es peligroso o lo que es seguro ya sea para actuar en el preciso momento o saber esperar por el tiempo adecuado. Y es así como gracias nuestros cinco sentidos las acciones se orientan para estar proporcionalmente organizadas a la capacidad de adaptación.

Entonces y para aterrizar, suponemos sin duda que tanto nuestra obligación moral y el proceder con la mentalidad abierta requieren de una aguda y objetiva conciencia de nosotros mismos pero a la vez que sea suficientemente flexible al permitir que el sentido común y la razón actúen para poder cambiar o modificar nuestros propios actos sin prejuicios o parcialidad.

Al relatar estas historias lo que se pretende es dar al lector la libertad de que pueda dibujar conclusiones examinando sus propios deberes morales al colocarse a sí mismos como si estuvieran en situaciones o circunstancias semejantes a los de los personajes y procurando mantenerse con la mentalidad abierta al dejar atrás cualquier predisposición, entonces y después de que concluya la lectura usted tal vez pueda responderse así mismo . . .

¿Y yo cómo procedería si estuviese en una situación similar?, ¿actuaría de igual o diferente manera?

La historia de Reyna

Reyna era una mujer exitosa y trabajadora que contaba con un título en economía y finanzas. Aprendió con el tiempo que la llave del éxito de la vida se obtenía solamente al hacer las decisiones correctas. Tenía el sueño de conseguir un puesto directivo que se hizo realidad, aunque muchas veces esto la colocó en situaciones críticas que requerían la toma de decisiones que tenían que ver con los dividendos de la compañía. Sin embargo, fue por sus decisiones y responsabilidad que se ganó el respeto y admiración de todos y cada uno de quienes entraban en contacto con ella en el trabajo.

Conoció a Lexus, su hombre ideal, después de un noviazgo de dos años le aceptó su propuesta de matrimonio y ambos convinieron que estarían juntos en tanto la calidad de vida y de amor prevaleciera en ellos. La fecha de la boda se estipuló bajo la condición en la que los dos estuvieron de acuerdo de estar dispuestos a satisfacer las necesidades del uno para el otro mientras fueran capaces. Parecía como en un cuento de hadas, incluso todos los familiares en ambos lados estaban muy emocionados de escuchar los planes de matrimonio.

Reyna y Lexus se tomaron el tiempo para dirigirse a sus familias y asegurarse de que hasta el último detalle estaría bien planeado y todos les apoyaron en su decisión, lo cual reforzó aún más el compromiso que la pareja tenía. Era evidente que Reyna no iba a aceptar nada que no fuera un acuerdo entre ambos y le dejó bien claro a Lexus que estaba determinada a vivir una vida feliz y haría lo que fuera necesario para lograrlo. El por su parte sabiendo lo inteligente, amable y amorosa que ella era le aseguraba que sostendría su palabra ante todo.

La determinación de Reyna de tener un matrimonio feliz provenía de los ejemplos que tenía de su familia. Se prometió a sí misma que nunca permitiría que su vida estuviera controlada por un esposo infiel, deshonesto y abusivo, sobre todo cuando al visitar a su media hermana Kristen durante los meses de verano que fue testigo de varios problemas entre ella y su marido, a quienes por cierto dejó de visitar en sus vacaciones pues el esposo de Kristen trató de propasarse con ella y al comentarle a su hermana acerca de las intenciones de su marido ella no le creyó, fue a partir de esa situación que toda la comunicación entre ambas hermanas se terminó provocando mucha tristeza en Reyna.

Lexus era el único hijo de una próspera pareja, su madre era una agente de bienes raíces y su padre un militar retirado que trabajaba como piloto civil de una línea aérea. Desde su nacimiento se distinguió por ser un líder natural además de que era muy bien respetado por la comunidad y sabía que lo era gracias a que había aprendido muy bien de su padre con quien contaba incondicionalmente en todas y cada una de sus decisiones.

Y aunque sus padres habían puesto todo su empeño para poderle dar muchas más oportunidades que a la mayoría, nunca condescendieron que se le nublara la visión acerca de los demás, lo habían educado con un firme código de conducta inculcándole el hecho de que él era como todos, igual, no mas ni menos y formaba parte del resto, además reiterándole a cada momento que usara siempre su sentido común en cada una de sus decisiones, invariablemente su padre solía decirle:

"Mantén siempre la mentalidad abierta a las cosas que hay a tu alrededor y deja que tu sentido común te guíe"

Reyna por su parte provenía de una familia con un contexto diferente. Aunque tenía una media hermana diez años mayor creció como hija única. Su padre, segunda generación de emigrantes de México, trabajó tan duro como pudo para comenzar una exitosa compañía de construcción. Su madre creció en el sur y era la más pequeña de cinco hermanas y dos hermanos que quedaron huérfanos de padre cuando ella era muy joven pero pudo salir adelante con la ayuda de sus dos hermanos mayores quienes a pesar de todo orientaron muy bien a la familia y mantuvieron a todos unidos. Los padres de Reyna se conocieron a través de un amigo, de inmediato supieron que estaban hechos el uno para el otro y se casaron ese mismo año. Siempre procuraron dar una buena educación a Reyna, además contaron con el apoyo de muchos primos y miembros de la familia que también dieron muy buenas bases a su hija.

Y fue así que después de planear todo e involucrando a sus familias, Reyna y Lexus se casaron en la primavera.

Desde el principio establecieron sus metas para el futuro, también hablaron de cómo y cuándo comenzarían una familia e incluso hasta discutían sobre los nombres que pondrían a sus hijos y el tipo de escuela al que querían que asistieran.

Al paso de unos cuantos años de feliz matrimonio la vida para ellos era grandiosa. Todo estaba marchando mejor que nunca, ninguno de los dos se cansaba de expresar a solas y en público lo feliz que eran. Compartían juntos todas las actividades de la casa, las compras, cocinar, limpiar y por cierto que indudablemente algo de lo que más le gustaba a ella era el hecho de que Lexus fuese una persona muy ordenada que siempre ponía todo en el lugar indicado. Aunado a todo eso les estaba yendo muy bien a ambos en sus trabajos, además de que los dos eran hábiles ahorradores y muy cuidadosos con el dinero que tenían reservado para su futuro.

Un sábado por la tarde Reyna y su madre salieron para ir compras, su hermana mayor Kristen estaba en el pueblo de visita y aprovecharían para verse con ella y comer juntas. Después de cinco años las hermanas volverían a verse y aunque la última vez que se estuvieron juntas no todo entre ellas había salido muy bien, las dos estaban dispuestas a olvidar el conflicto y comenzar de nuevo. Su madre le había comentado que Kristen finalmente había conseguido divorciarse y después de un tiempo estaba dándose una nueva oportunidad y comenzaba a salir con alguien.

Reyna se veía muy entusiasmada, tanto por querer saber más sobre lo que pasaba por la vida de su hermana como por contarle todo lo nuevo que había en la suya pues no obstante que le había enviado invitación a para que asistiera a su boda, su hermana ni acudió ni envió respuesta alguna.

Llegaron al restaurante donde se encontrarían y caminaron pasando al lado de Kristen sin reconocerla. De pronto Reyna escuchó su nombre, las dos, madre e hija voltearon a buscar de dónde provenía la voz y vieron a una mujer muy guapa parada junto a un hombre, Reyna no podía creer lo que sus ojos veían, esa hermosa mujer era Kristen, quien además de haber perdido casi cuarenta libras de peso, su cabello lucía oscuro y lo había dejado crecer hasta los hombros. Tanto ella como su madre estaban impactadas ya que la última vez que la habían visto lucía totalmente desaliñada y lo que tenían ahora frente a ellas era una mujer completamente diferente, se veía encantadora.

—¡Oh cielos, pero si es Kristen!—Gritó la madre y Reyna estaba totalmente sin habla hasta que Kristen la jaló por la mano y le dio un abrazo.

—¡Hermana! ¿Cómo está todo contigo? Ha pasado tanto tiempo desde la última vez que nos vimos—dijo Kristen y enseguida les presentó a su novio, que era el hombre que estaba a su lado, al tiempo que éste les ofrecía tomar una mesa para sentarse a comer todos juntos.

Estaban muy animados comiendo y platicando cuando Reyna recibió una llamada de Lexus para comentarle que algunos de sus viejos amigos de la Universidad, que no había visto por varios años, estarían en el pueblo unos cuantos días y le habían llamado para reunirse con ellos en el bar cerca de donde uno de ellos vivía antiguamente. Reyna en esos momentos estaba disfrutando tanto de la comida con su hermana y su madre que le propuso se tomara su tiempo y más tarde se verían en casa. Lexus estuvo de acuerdo con la propuesta y se fue para reunirse con sus amigos en el bar.

Parecía que todos la estaban pasando muy bien, la reunión de Lexus con los amigos estaba siendo grandiosa, tanto que comenzó a recordar aquellas épocas en que él y su padre solían pasar tiempo juntos. Esa noche en el lugar presentaban momentos sobresalientes de viejos partidos universitarios, él como gran aficionado que era a los deportes lo estaba gozando y mas aun cuando le vinieron a la memoria aquellos tiempos en que su padre los llevaba a él y a sus amigos a los partidos y luego los repartía a sus casas. También se acordó de las tantas veces que su padre les puso una trampa llevándolos primero al club de baile para que aprendieran a bailar, lo cual al final siempre resultaba bueno porque normalmente el club estaba escaso de hombres y las mujeres maduras que frecuentaban el lugar se veían siempre muy lindas con vestidos largos que cuando giraban sobre la pista de baile dejaban ver sus piernas y muchas veces algo más.

De hecho fue precisamente por el baile que la relación entre él y Reyna se dio y así fue como comenzaron todo. Ella solía acompañar a sus padres a tomar lecciones de baile justo en el mismo club donde el padre de Lexus llevaba a los chicos. Ella a veces sólo miraba y otras se levantaba bailar con su padre, especialmente cuando ponían salsa. Uno de esos días Lexus se decidió a hablarle y después de un rato de plática con curiosidad le preguntó que por qué solamente bailaba salsa, ella contesto simplemente.

—Porque me gusta el ritmo de la música y los movimientos que mi padre me enseñó.

Lexus estaba verdaderamente cautivado y al poco tiempo se atrevió a solicitarle que le enseñara a bailar ritmos latinos y ella feliz accedió. Fue así como cada semana comenzaron a asistir al club junto con los padres de ella. Rápidamente se acoplaron a bailar, de hecho lo hacían muy bien juntos y no pasó mucho para que comenzaran a salir a otros lugares y disfrutar de diferentes actividades.

Lexus estaba muy contento celebrando y recordando con sus amigos y sin darse cuenta se veía constantemente influenciado a beber con ellos. Como no había tomado una sola copa desde que conoció a Reyna pensó que no era una buena idea comenzar ahora. Sin embargo la emoción, las risas, el ir y venir y la presión de sus amigos fue más grande y sin pensarlo se dejó llevar. Decidió tomar solamente una copa pensando que con eso calmaría todas las bromas que le hacían sus amigos respecto a su obligación moral de no tomar alcohol. Y un trago condujo al otro y después a otro hasta que comenzó a sentirse algo aturdido.

Estaba a punto de tomar una cerveza mas cuando pensó que ya había sido suficiente, sin embargo era demasiado tarde, para esos momentos sus sentidos ya estaban entorpecidos y no tenía total control de sí mismo.

La cerveza pesaba mucho en su vejiga, pidió ser excusado diciendo a sus amigos que iría al baño. Mientras caminaba lo primero que le cruzó por la mente fue su esposa, se preguntaba lo que ella haría si lo viera en ese estado y se sintió tan culpable que sin decir nada a nadie decidió irse a su casa, quería llegar antes que ella para poder ocultar el hecho de que había estado bebiendo y se fue del bar sin despedirse de sus amigos.

Salió al estacionamiento, localizó su auto, se subió y manejó sin dificultad alguna hacia afuera del lugar, iba entrando a la avenida cuando de repente su visión se tornó algo borrosa y comenzó a sentirse mal. Abrió la ventanilla del auto para tomar aire fresco pero la tuvo que cerrarla de inmediato porque el ruido de afuera interfería con su habilidad de pensar. Sabía que necesitaría tiempo para recostarse y recuperarse, su único pensamiento era llegar tan pronto como fuera posible antes que Reyna lo hiciera.

Los siguientes eventos cambiarían sus vidas para siempre. Todo pasó tan de prisa y al mismo tiempo fue como si hubiese ocurrido en cámara lenta. Cuando llegó a un crucero se dio cuenta que la luz estaba roja pero sus sentidos estaban tan deteriorados que detuvo el auto varios metros antes del cruce y no en la esquina como debía ser. Esperó que la luz se tornara verde y muy lentamente manejó hacia la intersección, algunos autos detrás sonaron el claxon en tono de frustración, reaccionó al ruido y torpemente presionó el acelerador pero su reacción fue tan lenta que la luz que estaba en verde cambió de nuevo a amarillo y enseguida se puso roja quedando atrapado en la cruce mientras los autos que venían del lado perpendicular avanzaban con la luz verde. Un primer auto frenó fuertemente patinando y quedó apenas con el espacio suficiente para esquivar el auto de Lexus, sin embargo el otro auto que venía por la línea izquierda no pudo verlo y justo fue a estrellarse en el lado del conductor causando que el vehículo girara muchas veces dentro de las líneas de tráfico hasta quedar en dirección opuesta, fue tal el golpe que incluso se produjo una reacción en cadena que causó que además otros dos autos lo golpearan también.

Todo sucedió en apenas unos instantes, la escena era terrible, partes de autos se veían dispersas por todos lados, la intersección bloqueada por los coches arruinados, había humo en el ambiente y en el piso se veían fluidos de los sistemas de enfriamiento y aceite regados por todos lados del crucero. Se escuchaba conmoción alrededor y la gente gritaba rogando a los demás salir de sus autos y camiones y apresurarse a ayudar a los que estaban atrapados en sus vehículos.

En unos cuantos minutos aparecieron las ambulancias y los bomberos con ayuda de emergencia. Una mujer señaló hacia donde estaba Lexus inconsciente y rápidamente se dirigieron a socorrerlo. Su auto había quedado como un acordeón, estaba prensado por todos lados. Fue después de un largo rato de trabajo que el equipo de auxilio logró sacarlo para trasladarlo al hospital de la ciudad donde fue rápidamente puesto en la sala de emergencia para cirugía.

Mientras tanto en el bar sus amigos no tenían ni remota idea de lo que estaba sucediendo en la calle. Algunos notaron que habían pasado casi veinticinco minutos desde que Lexus se había ido al baño y como aún no había regresado, decidieron ir a ver qué pasaba con él solo para descubrir que no estaba ahí, en seguida comenzaron a buscarlo por todos lados tanto dentro como fuera del bar. Caminaron hacia el estacionamiento y se percataron que el auto de Lexus ya tampoco estaba ahí.

Trataron de recordar exactamente lo que les dijo antes de alejarse de la mesa y se preguntaron unos a los otros si había dicho algo a alguien, todos confirmaron que lo único que dijo fue que regresaría y en ningún momento mencionó nada acerca de retirarse. Era muy extraño de que Lexus se fuera de ese modo sin decirles nada así que Mike, uno de sus amigos, decidió llamarlo a su teléfono celular.

Era obvio que con lo sucedido no contestaría, el teléfono sonó pero la llamada fue enviada al correo de voz y Mike le dejó un mensaje pidiéndole que lo llamara de regreso en cuanto pudiera. Luego los chicos decidieron regresar al bar para terminar con sus bebidas pensando que Lexus se comunicaría mas tarde.

Reyna regresó a su casa y vio que Lexus aún no había llegado, miró su teléfono celular para ver si le había dejado algún un mensaje, sabía que muchas veces su teléfono no tenía buena recepción pero seguramente mostraría si había llamadas perdidas o algún mensaje. Pero nada, ni lo uno ni lo otro, decidió llamarlo y por supuesto que no obtuvo respuesta alguna.

Estaba justo para dejarle un mensaje de voz a su esposo cuando escuchó que afuera se cerraba la puerta de un auto, corrió a asomarse por la ventana pensando que ya había llegado pero no era él sino un auto de la policía con dos oficiales que salían de la patrulla para luego desaparecer de su vista. Sin dar importancia se alejó de la ventana y siguió dejando el mensaje mientras caminaba a la sala, prendió el televisor y se acomodó en el sillón, tenía en su mente todo lo que había ocurrido ese día y lo feliz que estaba de haber visto a su hermana de nuevo.

Pasaron unos pocos minutos cuando escuchó que golpeaban fuertemente su puerta, abrió y vio que los mismos dos policías que había visto momentos antes por la ventana estaban ahora ahí parados frente a su puerta.

—¿Es usted la esposa del Lexus Goldsmith?—preguntó uno de los oficiales.

—Sí,—respondió ella afirmando.

Después de identificarse uno de los policías le dio la terrible noticia de que su esposo había sufrido un serio accidente de auto unas cuantas horas antes y había sido trasladado al hospital de la ciudad. El corazón de Reyna se llenó de miedo y miraba a ambos oficiales con incredulidad. Uno de ellos sacó un teléfono celular y le preguntó si reconocía el aparato y si éste le pertenecía a su esposo, ella lo tomó, lo miro y confirmó a los oficiales que el aparato era el de Lexus.

Estaba pasmada y confusa, en ese momento el teléfono que tenía en sus manos comenzó a sonar, vio que en la pantalla del identificador de llamadas aparecía el nombre de Mike, recordó que era el nombre de uno de los amigos con los que su esposo se iba a reunir en el bar y contestó. Al escuchar la voz de Reyna, Mike la saludó y en seguida preguntó si Lexus estaba ahí pues había dejado el bar sin decirles que se marcharía, ella escuchaba lo que le decía el amigo de Lexus por el teléfono mientras los oficiales trataban de captar algo, inmediatamente uno de los policías la interrumpió preguntándole con quién hablaba y le pidió el teléfono para hablar con esa persona.

El oficial tomó el teléfono y se identificó, Mike al oírlo no supo que decir, pensó que tal vez habría problemas con Lexus por haber estado en el bar y decidió no hablar, el policía entonces le pidió que él y los otros amigos se reunieran con ellos ya que necesitaban obtener sus declaraciones, Mike extrañado preguntó el por qué y el oficial le dijo que Lexus había tenido un grave accidente y había sido trasladado al hospital.

Angustiado sobre la noticia Mike hizo una pausa para dar la información a sus amigos y todos quedaron de encontrarse con los policías en el hospital, ahí podrían hablar con ellos pero sobre todo, podrían tener información sobre las condiciones en las que Lexus se encontraba.

Con todo lo que sucedía Reyna había entrado en pánico, se veía muy agitada, sentía que le faltaba el aire y su rostro palidecía, quiso voltear para alcanzar algo en que apoyarse cuando el otro policía notó que ella se ponía mal y justo a tiempo logró detenerla antes de cayera al suelo. La ayudó a entrar a su casa y sentarse en el sofá y en ese momento ella estalló en histérico llanto, llena de terror suplicaba a gritos a los policías.

—¡Oh Dios mío! ¡Déjenme, debo ir al hospital para estar con Lexus! ¡Dios mío!

Y sin decir más de un salto se dirigió hacia la puerta gritando el nombre de Lexus. Un oficial la detuvo en corto tomándola por el brazo y luego entre los dos la mantuvieron quieta de su insistencia de correr. Minutos después, una vez que se calmó un poco los policías se ofrecieron para llevarla al hospital, Reyna recuperando algo sus sentidos aceptó y partió con los ellos. Durante el trayecto el oficial que habló con Mike le comunicó al otro sobre la información que había obtenido en la llamada.

Al llegar los oficiales con Reyna al hospital les notificaron que Lexus estaba en cirugía y no tenían más información salvo que las lesiones que había sufrido eran de gravedad, por lo pronto lo único que podían hacer era esperar hasta obtener información actualizada de los médicos que realizaban la cirugía.

Reyna llamó por teléfono a su madre para decirle del grave accidente y le pidió se comunicara con los padres de Lexus para avisarles. La mujer contactó primero a su marido, quien en ese momento estaba camino a casa, tan pronto llegó la recogió y los dos se fueron juntos. Iban hacia el hospital y la madre de Reyna pudo contactar a la de Lexus e informarle lo sucedido. Ambas familias llegaron casi al mismo tiempo al lugar donde ella los esperaba, advirtieron que tenía un semblante de intensa preocupación pero aun así trataba de responder a tantas preguntas como le pedían.

—Lexus está todavía en cirugía y no tengo ninguna otra información, lo único que sé es que sus lesiones son muy graves—les dijo.

El padre de Lexus se dirigió a la recepción, se identificó como tal y preguntó si podría saber mas acerca de las condiciones de su hijo, la mujer le dijo que no tenía información adicional así que tendrían que esperar hasta el reporte del médico.

Después llegaron Mike y los otros amigos, reconocieron a Reyna y se acercaron a ella, la saludaron y preguntaron si había alguna novedad pero igualmente les dijo que la única información que tenía hasta el momento es que su esposo estaba grave, lo cual la hizo llorar histéricamente, rápidamente sus padres se acercaron a su lado para reconfortarla mientras que los policías comenzaron a indagar con Mike y los demás acerca de lo que Lexus estaba haciendo antes del accidente.

El padre de Lexus escuchaba la conversación e interrumpió a los amigos de su hijo pidiéndoles ser muy cautelosos acerca de lo que dirían, tal parecía que no le gustaron ni las preguntas ni la forma en que los oficiales las estaban haciendo y les advirtió sobre aquello de lo que podían y de lo que no podían preguntar, los agentes lo tranquilizaron diciéndole que lo único que necesitaban era obtener información para su reporte.

Los policías se dieron cuenta que no era un buen momento para hablar y decidieron terminar con las preguntas indicándoles que en caso de necesitarlos para obtener mas información serían contactados mas tarde. Antes de irse agradecieron a Reyna, le manifestaron su pesadumbre y le desearon lo mejor para los dos. Ella les correspondió pero nada podía consolarla en esos momentos, colocó sus manos en el rostro para cubrirse y se quedó sumida en un llanto tan triste que lanzaba ecos de frío dolor en toda la sala de espera. Qué más podría haberse dicho o hecho en esos instantes. Al parecer nada y lo único que tendrían que hacer era solamente tener paciencia y esperar por el reporte médico.

Las horas pasaban y seguía sin haber ninguna palabra acerca de la condición de Lexus. Dos de sus amigos tenían que irse a cumplir obligaciones familiares y se despidieron de los presentes. Lentamente pasó otra hora cuando finalmente la puerta se abrió y apareció el doctor con un semblante de preocupación en su rostro. Miró alrededor de la sala de espera y sintió como todas las miradas se dirigían hacia él. Luego, dando una ojeada a unos papeles que traía consigo preguntó por Reyna. Ella dio un par de pasitos adelante.

−Yo soy Reyna—dijo.

−Le tengo información sobre Lexus—el doctor indicó.

En ese momento, todos pusieron atención.

—¿Son todos ustedes familiares de Lexus?—preguntó el doctor.

El padre de Lexus dando un paso adelante habló por todos.

—Si, todos nosotros lo somos y estamos aquí esperando escuchar noticias sobre la condición de mi hijo.

El médico comenzó a explicarles sobre el estado de Lexus, les dijo que la situación era muy seria ya que las heridas que había sufrido eran de gravedad. El padre de Lexus interrumpió al doctor preguntándole si su hijo viviría. El médico solo miró el reporte que sostenía en sus manos y levantando su cabeza para poder verlos a todos por completo les dijo.

—Hemos hecho todo lo que podemos, el resto dependerá solo de él.

Las palabras del doctor causaron que Reyna se colapsara en los brazos de su madre haciendo que las dos cayeran al suelo, su padre se apresuró a ayudarlas y los demás se amontonaron alrededor de ellas.

El doctor esperó a que se recuperaran y pidió a todos retirarse a sus casas a descansar pues no había nada más que pudiera hacerse en ese momento. El padre de Lexus insistía y presionaba al doctor para que les diera más información pero éste solo contestó diciéndole que su hijo había tenido mucha suerte de seguir con vida. Si bien parecían estar confusos al mismo tiempo se sentían aliviados al enterarse de que al menos Lexus continuaba aún con vida.

Después todos salieron de la sala de espera y se encaminaron hacia sus autos para dirigirse a casa, parecían sentirse terriblemente impotentes y cansados.

Las semanas pasaban y Lexus continuaba en el hospital. Desafortunadamente desde el accidente había quedado en estado de coma y lo habían tenido que conectar a una máquina que lo mantenía con vida. Día a día Reyna iba a verlo con la esperanza de que saliera del coma.

Uno de esos días ella y su familia esperaban tener una entrevista con los doctores que les darían un reporte acerca del progreso de su esposo, esa tarde ella salió una hora mas temprano de su trabajo para reunirse con todos en el hospital, hasta ese momento, Lexus no había mostrado ninguna señal de mejoría pero los médicos no cesaban y la familia mantenía la esperanza de que tal vez pudiese salir del estado de coma.

En la reunión el doctor les habló de la seriedad de la condición de Lexus, sin perder el tiempo les dejó bien claro lo afortunado que era de seguir con vida y les habló también acerca de las expectativas de recuperación, enfatizó mucho en algo que les causó mucha angustia cuando les dijo que; de darse la posibilidad de que pudiera salir del coma Lexus quedaría paralítico del cuello hacia abajo debido a que la lesión había sido en la espina dorsal y no pudo escapar a la severidad del daño que con seguridad no podría ser revertido.

El padre de Lexus interrumpió preguntando al médico.

—¿Cuáles son las posibilidades de que mi hijo pueda volver a caminar o atenderse por sí mismo?

Antes de que el doctor contestara el hombre insistiendo le dijo.

—Necesitamos toda la información para saber a qué atenernos y qué podemos esperar—y pidió al médico ser directo.

El doctor vio que todos estaban más que listos para escuchar lo que tenía que decir y les habló con toda franqueza.

—Lamento decirles esto, primero, no sabemos si Lexus pueda recuperarse del coma pero en caso de que así sea . . .—el médico hizo una pausa,— lamentablemente hay serias posibilidades de que quede paralizado por el resto de su vida.

Después de decir eso dirigiéndose a todos enfatizó en que deberían estar preparados para enfrentar la realidad, de darse el caso que despertara no estaría capacitado para valerse por sí mismo y probablemente necesitaría ser atendido como un recién nacido.

—Por ahora está conectado a la máquina que es lo que lo está manteniendo con vida. Tienen dos opciones en este momento . . . una es esperar y ver si el sale del coma y si es así apoyarlo por el resto de sus días . . . Y la otra opción, que tal vez van a tener que considerar también, es la alternativa de terminar con el sistema de soporte artificial permitiéndole a Lexus morir en caso de que no dé señales de salir de ese estado—agregó el doctor.

Todos quedaron mudos mirándose el uno al otro y conmocionados por la responsabilidad que el doctor estaba poniendo sobre ellos. Las emociones crecían, la madre de Reyna alcanzó la mano de su hija y la sostuvo bien apretada mientras que la madre de Lexus rompiendo en llanto gritaba.

—¡No es justo, no es justo!

Antes de salir de la sala el doctor trató de reconfortar a las tres mujeres, abrió los brazos y los extendió para abrazarlas expresándoles su pesar y deseando haber sido portador de mejores noticias.

—Vámonos a casa—decía el padre de Lexus a su esposa mientras la consolaba.

La señora reaccionando inmediatamente dio la vuelta y puso su atención sobre Reyna pidiéndole la acompañara a hacer una oración para rogar por la recuperación de su hijo. Reyna bajó la cabeza y cerró los ojos mientras que el padre de Lexus decía una plegaria, todos lo escuchaban pedir al señor la fortaleza y el coraje para ayudarlos a pasar por ese doloroso momento. Luego se sentaron y por unos momentos en el lugar solo permaneció un frío silencio.

Las lágrimas continuaban rodando por el rostro de Reyna mientras su angustiada madre trataba de enjugarle el llanto después le pidió levantarse y todos salieron juntos del lugar en total silencio. No dijeron nada mientras caminaban hacia la puerta principal ni tampoco cuando se dirigieron hacia las escaleras del estacionamiento. Esos momentos fueron terriblemente sensibles para ellos. El padre de Reyna rompió el silencio y sugirió se tomaran algo de tiempo para poder pensar bien en todo lo que les había dicho el doctor.

El tiempo pasaba lentamente y la condición de Lexus no mejoraba. Como todos estaban completamente insatisfechos con el diagnóstico que el doctor les había dado el padre de Lexus decidió consultar más opiniones médicas y solicitó una junta con algunos otros doctores. Y no estaba solo en su intento, aunque aún no lo sabía pues en otro lado del hospital el padre de Reyna estaba ahí justamente con la misma intención de reunirse con los médicos ya que él también había solicitado una segunda opinión acerca de su yerno. El padre de Lexus iba en camino al piso de cuidados intensivos y fue entonces cuando los dos hombres se encontraron. Después que se saludaron se dieron cuenta que ambos estaban ahí por el mismo motivo. Entraron a la oficina y juntos escucharon a los doctores dar la opinión requerida. Desafortunadamente todos los médicos concluyeron estar de acuerdo con el diagnostico original.

Luego de la consulta los dos hombres discutían una y otra vez sobre todas las opciones que los doctores les habían sugerido. Estaban perfectamente de acuerdo en que de darse el caso de que Lexus regresara del coma no sabrían qué clase de vida tendría ni cuál sería el futuro que le esperaría. Ambos cuestionaban la complejidad del asunto y se preguntaban qué harían si acaso estuvieran en el lugar de Lexus. Y sin ninguna duda los dos llegaron a la misma conclusión; ninguno estaría de acuerdo en estar viviendo conectado a una máquina indefinidamente y mucho menos les gustaría tener despertar y darse cuenta que tendrían que vivir paralizados por el resto de sus días. Luego convinieron en que discutirían esa opción con sus esposas y les harían saber por qué creían firmemente que de ser necesario esa sería la decisión mas adecuada.

Los hombres planearon todo para hablar sobre el tema y acordaron cenar juntos en la casa de la madre de Reyna al siguiente día por la noche, ahí discutirían el asunto.

Al terminar de cenar todos se quedaron alrededor de la mesa para hablar acerca de la situación. Los hombres informaron a sus esposas sobre los reportes y las opciones que los que los médicos les habían dado. El padre de Lexus llamó la atención de cada uno de ellos preguntando cuáles eran sus expectativas para con su hijo y luego les dio su opinión acerca de lo que él creía sería lo correcto que Reyna hiciese.

Ambos hombres estuvieron de acuerdo y el padre de Reyna agregó.

—Lo único que quiero es simplemente que mi hija tenga una vida feliz y exitosa . . . les aseguro que si pudiera cambiar de lugar con Lexus, sin dudarlo lo haría. Siempre he tenido un deber moral hacia mí mismo pero sobre todo hacia mi hija. He procurado proveerla de herramientas para un futuro exitoso lleno de felicidad. ¡Pero ahora no estoy seguro de qué tan feliz será si tiene que convertirse en la enfermera de un inválido por el resto de su vida! Y tampoco estoy muy seguro de que ella esté lista o si será capaz de hacerlo.

Un rato de silencio cayó sobre la habitación y aunque algo insegura la madre de Reyna rompió el silencio pidiendo se explicaran mejor para que ellas pudieran entender lo que estaban diciendo.

—Estamos hablando de lo que los doctores comentaron sobre la posibilidad de desconectarlo de la máquina que lo mantiene con vida. Queremos ser totalmente honestos con ustedes, creemos que tal vez sería la mejor solución para este problema. El doctor fue muy claro al decir que en caso de que Lexus despertara estaría paralizado de por vida desde los hombros hacia abajo . . . ¿Qué calidad de vida sería esa para todos?—señaló el padre de Reyna al tiempo que la madre de Lexus volteaba a mirar a uno y al otro sin entender del todo.

De nuevo el silencio invadió la habitación y la realidad los forzó a abrir sus mentes y pensar sobre sus propias obligaciones morales hacia ambos de sus hijos y formulando cuidadosamente sus palabras el padre de Lexus dijo.

—Para ser mas claros, si Reyna decidiera desconectarlo de la máquina yo apoyaría su decisión de hacerlo.

La madre de Reyna lloraba y solo decía que por alguna razón sabía que eso vendría. Mientras que la madre de Lexus con pesar expresó estar de acuerdo con su esposo y dijo.

—Desgraciadamente lo único que puedo ver es que lo que le espera a Reyna no es nada mas que una vida de tristeza y sé que tanto física como mentalmente ella no va a ser capaz de manejar esto sola si no le damos el debido apoyo. No me gusta la idea pero estoy de acuerdo con mi esposo, él siempre ha hecho las mejores decisiones para nuestra familia y en estos momentos no podría dejar de confiar en su buen juicio—término diciendo la mujer.

Después de un corto silencio unieron sus manos en señal de que estaban de acuerdo lo cual fue un momento muy conmovedor y de gran valor para todos, luego el padre de Lexus rompió el silencio diciendo.

—Seré yo quien le diga a Reyna que la apoyaremos en caso de que sea necesario desconectar a Lexus de la máquina.

Pero antes de que el hombre pudiera terminar la frase el padre de Reyna lo interrumpió.

—¡No! ¡Lo haremos todos juntos, entre todos se lo diremos!

Mientras tanto Reyna estaba tratando de darle algo de sentido a su vida y distraía su mente ocupándose en otras cosas, su trabajo le ayudaba a mantenerse atareada diariamente lo que le permitía conservar una idea más positiva y mantenía la esperanza de que muy pronto uno de esos días su esposo saliera del coma, sin embargo aún no sabía que los padres de ambos habían solicitado la segunda opinión de varios doctores y buscaban llegar a un acuerdo acerca de lo que consideraban era mejor para Lexus.

Uno de esos días Reyna llegó a su trabajo y vio algo que llamó su atención, en su oficina estaba esperándola su jefa quien al verla llegar inmediatamente le preguntó si su teléfono celular estaba trabajando bien porque le había llamado mas temprano esa mañana y no contestó, pensaron que tal vez no funcionaba y seguramente por eso habían hablado ya varias veces del hospital esa mañana tratando de localizarla en la oficina dejándole el mensaje de que fuera inmediatamente para allá.

El corazón de Reyna se llenó de angustia al ver que la mujer tenía una expresión muy seria en su rostro, instantes después apareció otro compañero de trabajo interrumpiéndolas ya que justo en ese momento llamaban del hospital de nuevo para decirle que necesitaban verla, los dos se quedaron ahí mientras contestaba y al colgar el teléfono la miraron dirigirse precipitadamente a la puerta, sin tiempo de preguntarle nada solo le desearon suerte mientras se alejaba.

Cuando llegó al recibidor del hospital una enfermera se acercó para pedirle que la acompañara. Mientras caminaban hacia una oficina privada la enfermera le explicaba lo que había sucedido la noche anterior con su esposo, se le había presentado una terrible infección en el cuerpo y la pasó muy mal, se vio realmente en peligro que incluso tuvieron que revivirle varias veces y de hecho los doctores aún seguían tratando de estabilizarlo.

Y sin parar de hablar y caminar la enfermera le preguntó si había algún miembro de la familia que pudiera estar con ella y si deseaba la compañía de un sacerdote o tenía algún familiar o amigo clérigo que pudiera asistir en caso de que Lexus no lograra salir del evento. Y justo en ese momento sucedió algo que estremeció aún mas el dolido corazón de Reyna cuando, tal como si hubiese sido enviado para estar ahí, apareció un sacerdote.

Con la mente en blanco y antes de que pudiera tomar aire de nuevo, Reyna vio a los padres de Lexus entrando en la oficina y corrió hacia ellos, estaba hecha pedazos y al verlos explotó en llanto. El padre de Lexus intentó preguntar sobre la condición de su hijo y al voltear y ver un sacerdote ahí se quedó sin habla.

La enfermera les pidió a todos tomar asiento y les repitió la situación por la que Lexus había pasado la noche, incluyendo el hecho de que lo tuvieron que revivir varias veces, les dijo además que los doctores lograron estabilizarlo al principio pero que no tenían seguridad de que pudiera superar la crisis en las siguientes doce o treinta y seis horas.

Tratando de esconder sus emociones el padre de Lexus se puso las manos sobre la cara mientras que la madre seguía sosteniendo a Reyna al tiempo que le tarareaba una canción que solía cantarle a Lexus cuando era un bebé como pretendiendo con ello ahuyentar algo de la tensión que acaecía en el cuarto en aquel momento.

El padre de Lexus preguntó si alguien había llamado a los padres de Reyna para hacerles saber lo que pasaba pero el silencio imperante en la habitación le dio la respuesta, entonces sacó su teléfono celular y los llamó pidiéndoles se reunieran con ellos en el hospital lo más pronto posible.

Parecía que habían pasado horas, sin embargo de hecho solo fueron unos minutos cuando los padres de Reyna aparecieron en la habitación, mostraban una gran preocupación en sus rostros e inmediatamente comenzaron a hacer varias preguntas pero al igual que a los demás, solo les dijeron que tenían que esperar hasta que obtuvieran el parte de los doctores acerca de la condición de Lexus.

Unas cuantas horas pasaron hasta que finalmente apareció el doctor, murmuró algo al sacerdote, luego se acercó hacia donde estaba la familia y les dijo que habían conseguido estabilizar a Lexus por ahora pero que su condición seguía siendo muy grave y su vida pendía solo de la ayuda de la máquina.

—¡Lexus es realmente muy afortunado de seguir vivo a pesar de todo por lo que ha atravesado!—con esas palabras terminó el doctor y sin decir ninguna otra cosa, salió de la habitación junto con el sacerdote y la enfermera mientras todos se quedaron mirando solamente como se alejaban.

El padre de Lexus se levantó y dijo a los demás que ese sería buen momento para hablar con Reyna acerca de lo que habían decidido unas cuantas noches atrás. Con los ojos muy abiertos, Reyna volteaba de un lado para otro mirando por toda la habitación en espera de escuchar lo que ellos tenían que decir. El padre de Lexus se aproximó hacia ella y la sostuvo entre sus brazos, luego dio un paso hacia atrás para verla de frente y le dijo que no había podido dormir en varias noches pensando miles de cosas, en especial sobre el futuro que les esperaba. Le explicó lo angustioso que era para él ver ese dolor en sus ojos y más aún porque sabía que su hijo había sido el causante de tanta pena.

—Reyna querida, solo deseaba decirte que mi esposa, así como tus padres y yo, estaríamos dispuestos a apoyarte si decidieras dejar ir a mi hijo para que descansara en paz—le dijo mientras sus ojos se llenaban de lágrimas.

Reyna se quedó ahí parada de una sola pieza mirando al hombre como si no hubiese entendido nada de lo que acababa de escuchar. Después los demás dijeron estar de acuerdo con el padre de Lexus, en ese momento las emociones se desbordaban dentro de la habitación y en instantes el ambiente se llenó de un profundo silencio que incluso hasta se podría haber oído el sonido de un alfiler al caer.

De repente Reyna sacudió violentamente la cabeza gritando.

—¡No! ¡Absolutamente no! ¡Yo no podría hacerle eso a Lexus!

Ambas madres trataron de calmarla pero ella se jaloneaba y les decía que la dejaran sola, gritaba con fuerza para recordarles que ella había hecho un compromiso con Lexus antes de la boda.

—¡Tengo la obligación moral de cumplir lo que le prometí!—gritaba.

—Yo también tengo un deber moral hacia ti y tu futuro—dijo su padre en tono muy serio,— ¡todos estamos preocupados! y lo que te estamos diciendo es que hemos acordado quedar al margen y apoyarte sea cual fuere la decisión que hagas.

Sin embargo ella no lo vio de esa manera, corrió hacia la puerta y desde ahí les dijo que no necesitaba de su ayuda, limpió las lágrimas de sus ojos y comenzó a cuestionarlos, quería saber cómo había sido posible que pudieran siquiera pensar que ella le haría tal cosa a Lexus, luego les dijo que no los necesitaba y que cuidaría sola de su esposo y de ella misma y sin voltear a verlos se alejó.

Su madre trató de seguirla pero su esposo la detuvo.

—Démosle algo de tiempo para que realmente pueda pensar que será de su vida o que necesitará hacer en caso de que Lexus sobreviva a esta difícil situación, ¡déjala ir!,—dijo.

Reyna se fue muy triste manejando hacia su casa, estaba muy dolida y lo único que quería era estar a solas, se preguntaba una y mil veces cómo había sido posible que hubiesen pensado que podría desconectar a Lexus de la máquina y terminar con su vida.

Al llegar a su casa se fue directamente a su recámara y derrumbándose sobre su cama soltó un desgarrador llanto clamando el nombre de Lexus, lloró hasta quedar exhausta, estaba tan agotada que no supo ni a qué hora la venció el sueño.

El tiempo pasaba lentamente y Lexus aún seguía conectado a la máquina que lo mantenía vivo, sin embargo, todos los días sin falta Reyna pasaba por el hospital para verlo. Era obvio que no estuvo dispuesta a escuchar a los doctores acerca de tiempo que Lexus podría estar en estado vegetal y tampoco de lo que le esperaría en caso que su esposo regresara del coma y aunque él no mejoraba, ella aguardaba fielmente alimentando con firmeza esperanzas de que diera señales. Estaba tan estresada con lo complicado de su situación que se apegaba a su trabajo, que en esos momentos era lo único que le ayudaba a despejar su mente y le facilitaba el soltar toda esa tensión que llevaba en su vida.

Un día cuando iba de camino de su casa al trabajo recibió una llamada de su madre que quería saber cómo se encontraba y qué había hecho últimamente. Y aunque Reyna aún seguía sintiendo algo de molestia en el fondo estaba feliz de oírla. Le dijo que por el momento estaba bien y no necesitaba nada, luego solamente le agradeció la llamada y se quedó callada. Su madre hubiese deseado poder oír y decir mucho mas que eso pero sabía que Reyna no quería hablar, de todos modos le dijo que no dejara de llamarle si necesitaba algo y se despidió expresándole lo mucho que la amaba. Al colgar el teléfono los ojos de Reyna se llenaron de lágrimas por las palabras que su madre dijo.

Los padres de ambos continuaban apoyando la decisión que Reyna había tomado y su esperanza de mantener encendida la ilusión de que Lexus saliera del coma. Los días seguían pasando y las madres de los dos iban diariamente al hospital para cuidar de Lexus. Las mujeres solían llevarle flores o adornos para el cuarto, ellas incluso tenían ya una rutina donde se turnaban para leerle el periódico en voz alta con el propósito de mantenerlo al día con los eventos actuales pero más que nada, con la esperanza de que él pudiera escucharlas.

Uno de esos días, como tantos otros en que lo visitaban, su madre le cantaba una canción mientras que la madre de Reyna le acariciaba el cabello con sus dedos y se preparaba para leerle el periódico. La mujer comenzó a leer el diario y al llegar a la sección cómica uno de los chistes las hizo reír a carcajadas, de pronto, las dos voltearon al mismo tiempo cuando notaron un pequeño movimiento en el rostro de Lexus, ambas vieron algo que parecía el esbozo de una sonrisa.

Sin perder el tiempo llamaron a la enfermera para decirle lo que habían visto y juntas esperaron un rato observándolo fijamente pero no volvieron a ver ninguna otra reacción, todo seguía igual. De todos modos la enfermera les dijo que informaría a los doctores sobre el asunto. Las dos estaban muy emocionadas pero después que estuvieron esperando y nada sucedió comenzaron a cuestionarse sobre el asunto y decidieron que mantendrían lo ocurrido entre ellas.

Habían pasado ya mas de seis meses desde el accidente y bien lo habían dicho los doctores desde el principio, podría pasar mucho tiempo mas para que pudiera salir de ese estado, si es que salía y ellos deberían estar preparados para enfrentar cualquier situación.

En todo ese tiempo la madre de Reyna no la había visto desde la vez que ella se fue del hospital muy enojada y cada que la llamaba para saber cómo estaba podía sentir todavía el disgusto en su voz. Aunque entendía la molestia de su hija, lo único que quería era explicarle por qué creyó, al igual que todos, que lo mejor era desconectar a Lexus no para acabar con su vida sino porque sentía una fuerte obligación moral de protegerla de un futuro de dolor además de que le causaba mucha tristeza la idea de que tuviera que vivir con un marido que no sería capaz de realizar las funciones diarias ni proveerle de las necesidades que una mujer requiere para una vida plena. Y obvio que la señora no podría ni siquiera pensar en que le dieran nietos, lamentablemente eso estaba fuera de toda cuestión y le entristecía mucho porque sabía que su hija había planeado con mucha emoción tener hijos en el futuro.

Pero había muchas otras cosas mas que la tenían preocupada, por un lado, el que Reyna había estado cargando con todos los gastos de las cuentas médicas y por el otro, el hecho de que tendría que estar atada a Lexus de por vida y desde ahora, mas aún en caso de que superara el coma pues él necesitaría cuidados los siete días a la semana, las veinticuatro horas del día y eso era demasiado para cualquiera.

Todos esos pensamientos se revolvían en la cabeza de la madre de Reyna causándole un profundo sufrimiento y un horrible nudo en la garganta que no podía quitarse y se soltaba a llorar por su hija al imaginar el dolor por el cual estaba atravesando. Una noche, como usualmente lo hacía, se arrodilló para orar por su hija, cuando estaba lista para irse a la cama su esposo le dijo que él y el padre de Lexus habían pasado por el hospital para visitarlo, que habían hablado con la enfermera y les había informado acerca de los movimientos que las dos habían visto en Lexus.

—¡Nosotros y el médico también notamos algunos movimientos!—agregó animadamente.

En seguida el hombre le preguntó si había hablado con Reyna pero el silencio de su esposa le dio la respuesta. Fue hasta después de un rato que la mujer le dijo que había hablado brevemente con su hija pero como estaba segura de que ella no quería hablar había tenido que colgar el teléfono y como habían transcurrido ya varios meses desde que Reyna no se había comunicado ni había pasado por la casa el hombre supo bien a qué se refería su esposa, además también él había estado llamándola y ya le había dejado varios mensajes porque ella nunca le contestaba ni le regresaba las llamadas.

Ambos echaban de ver que la amargura de Reyna no estaba ayudando y todo eso era demasiado para una mujer sola, necesitaba su apoyo lo quisiera o no. El hombre sabía que había una manera infalible de acercarse a ella, le prepararían su comida favorita y se la llevarían a su casa, le dijo a su esposa que planeara una cena e invitara también a los padres de Lexus para que llevaran algo y se reunieran en la casa de su hija por la noche.

Todos llegaron casi al mismo tiempo al condominio donde vivía Reyna, se encontraron en el estacionamiento a muy corta distancia de la puerta y caminaron juntos hacia las escaleras sosteniendo las ollas con los guisos que llevaban. El padre de Reyna tocó el timbre y en unos segundos ella abrió. Se veía somnolienta, al parecer se acababa de despertar de una siesta, los saludó e inmediatamente su atención se centró en las cosas que ambas madres traían en las manos, sintió el olor que provenía de las ollas y por un momento se mantuvo ahí parada disfrutando del aroma que simplemente le pareció delicioso.

—Hola cariño, te trajimos algo de comer,—dijeron.

Y sin comentar nada más caminaron hacia adentro de la casa sin darle tiempo a reaccionar. El padre de Reyna jaló la puerta para darles el paso y los demás lo siguieron hasta la cocina, el hombre advirtió que los ojos de su hija seguían enfocados en la comida, cuando todos entraron se dieron cuenta que ella seguía sin decir nada, se había quedado ahí parada y mirando solamente como todos se dirigían a la cocina y acomodaban las cosas en la mesa, entonces el padre de Lexus la llamó para que se les uniera.

Reyna estaba desconcertada por lo que estaba ocurriendo sin embargo cerró la puerta y se reunió con ellos. Su padre la tomó por la mano y la condujo hacia la mesa mientras el padre de Lexus le acercaba una silla y le pedía sentarse, mientras tanto, ambas madres se pusieron a trabajar acomodando la mesa. Los ojos de Reyna se agrandaban más y más al tiempo que miraba la comida que lucía apetitosa sobre la mesa. Miró el pollo frito que la madre de Lexus había traído y estaba lista para darle un pellizco mientras que los demás se engarzaron en una conversación política, que obviamente era a propósito para apagar la tensión con respecto a lo qué meses antes habían planteado acerca de Lexus.

Reyna no tenía idea de que todo había sido fraguado por su padre y realmente en ese momento no le importaba nada, no había tenido una comida decente desde hacía mucho tiempo y su madre supo exactamente lo que tenía que preparar para ella. Y mientras hablaban de todo un poco, nadie decía nada fuera de lugar y solo la animaban a comer.

Todos se pusieron a limpiar un poco mientras Reyna seguía comiendo, el fregadero estaba lleno de platos sucios de varios días, pasaron la aspiradora por el piso, recogieron la ropa que estaba regada y la colocaron en la lavadora, ella seguía tan ocupada comiendo que ni notaba lo que sucedía. Luego cuando todos estuvieron nuevamente en la cocina pusieron unas cuantas cosas en su lugar y así, tan pronto como habían llegado se dispusieron a retirarse no sin antes recordarle que les llamara si necesitaba algo. Reyna no podía creer lo que estaba pasado, cuando estuvieron listos para marcharse se le acercaron uno a uno para despedirse y luego se dirigieron hacia afuera mientras que ella miraba a su padre escoltando a los demás al salir y cerraba la puerta tras de sí. Y hasta entonces reaccionó.

—¡Esperen!,—gritó mientras abría la puerta de nuevo.

Al escucharla se detuvieron, voltearon y la vieron correr para ir a abrazar a su padre, luego se volvió hacia los demás les agradeció por la comida y en seguida se acercó a abrazar a cada uno de ellos.

—¡Todo está bien, seguimos siendo familia y los amo a todos!—decía emocionada y mientras los abrazaba sus ojos se llenaban de lágrimas. Volteó de nuevo a mirar a su padre y por alguna razón supo que él había sido el responsable de esa reunión, el hombre sonrió y dijo.

—Las cosas buenas siempre pasan cuando provienen del amor.

Reyna sabía bien lo mucho que significaba lo que su padre acababa de decir. Ese momento trajo para todos un enorme alivio emocional, la madre de Lexus comenzó a reír fuertemente y antes de decir adiós comentó que la cena había sido una buena idea y dirigiéndose al padre de Reyna le dijo que debería haber sido un actor porque supo exactamente qué hacer en el momento adecuado, los demás se unieron a sus carcajadas y su esposa estuvo de acuerdo con el comentario y volvieron a reír otra vez antes de partir.

Antes de entrar a su casa Reyna miró varias veces atrás para ver a sus padres y a los de Lexus alejarse, luego cerró la puerta, se fue hacia la cocina y se sentó mientras una enorme sonrisa se dibujaba en su rostro seguida por una estruendosa carcajada, luego se quedó sonriendo y mirando al infinito pensando solamente en lo que había sucedió esa noche. Su corazón se había llenado del primer pedacito de calor que no había sentido desde el accidente puesto que su mente y sus emociones habían estado dispersas, nada había tenido sentido para ella hasta ese día. La acción de ambos de los padres la hicieron poner los pies en la tierra y dar un mejor enfoque respecto a la maravillosa familia que tenía y eso era realmente lo que importaba, la atraparon totalmente fuera de guardia y le hicieron la vida mucho mejor en solo unos cuantos minutos.

Se quedó pensando en todo eso y siguió comiendo hasta que se sació, cuando terminó guardó el resto de la comida y notó que los pisos estaban limpios, la lavadora seguía trabajando y la ropa que ella había puesto en la canasta ya no estaba. Se dio cuenta lo bien que todo había sido planeado por sus padres para ir a echarle un vistazo y ayudarle. Después fue a su recámara y vio que su cama también había sido tendida y todo en su habitación había sido recogido del piso, se sentó en la cama, tomó una almohada y abrazándola echó de ver que en su vida aún seguía habiendo muchas cosas buenas.

Unos cuantos días después Reyna sorprendió a su madre apareciendo justo a la hora de la cena, cuando llegó caminó hacia la cocina tal como solía hacerlo antes y acomodó sobre la mesa los platos limpios que trajo de regreso, le dio un abrazo y un beso a su madre y preguntó si su padre ya había llegado a casa. Reyna trató de actuar como si nada hubiera pasado entre ellos, su madre mirándola comenzó a reír.

—¡Tú y tu padre son tan parecidos . . . pero tú a mí no me puedes hacer tonta!—la mujer dijo.

Al poco rato entraba su padre que sorprendido al escuchar la voz de Reyna sin perder tiempo se dirigió hacia a ella para saludarla. Se podía sentir como la habitación se impregnaba de un ambiente de amor cuando se sentaron a la mesa para cenar. Su padre comenzó la conversación preguntando cómo iban las cosas en su trabajo y hablando un poco sobre su nuevo jefe, procuró ser muy cuidadoso al no mencionar nada sobre Lexus pues pensaba que la situación aún pesaba mucho en sus corazones.

El hombre seguía hablando sobre su trabajo cuando de repente el teléfono de Reyna comenzó a sonar. Sus padres la miraron levantarse para cruzar la habitación y sacar el teléfono de su bolsa. Tan pronto vio la pantalla les dijo que el identificador de llamadas mostraba el número del hospital, todos sostuvieron el aliento pensando que la peor de las noticias estaba a punto de llegar, Reyna subió el volumen para poder escuchar lo que el doctor decía. Había tanto silencio en la habitación que lo único que se escuchaba era el sonido del murmullo que salía del teléfono. El momento estaba muy tenso cuando de pronto Reyna sobrexcitada exclamó.

—¡Lexus ha despertado! ¡Ya está despierto!—y comenzó a brincar de alegría, se acercó corriendo a donde estaban sus padres sentados y seguía gritando y exclamando

—¡Lexus ha despertado y está preguntando por mí!

Estaba tan emocionada que sin querer tiró el teléfono al suelo, su padre lo recogió, tomó el auricular y pidió al doctor le repitiera por favor lo que le había dicho a su hija. El médico confirmó que Lexus había salido del coma y estaba preguntando por su esposa. El hombre agradeció al doctor por la información y le dijo que lo verían muy pronto en el hospital. Reyna avanzaba de prisa hacia la puerta y su padre la detuvo diciéndole que si no tenía inconveniente ellos la llevarían al hospital, totalmente emocionada ella aceptó y juntos partieron.

Mientras estaban en el elevador del hospital evitaban mirarse el uno al otro y hacer comentarios, parecía que no deseaban exteriorizar sus pensamientos. Entre el silencio que permanecía en el ascensor y tantas paradas entre piso y piso hicieron que el trayecto hacia donde estaba la sala de cuidados intensivos pareciera interminable y no fue sino hasta que Reyna rompió el silencio al sacar su teléfono para llamar a los padres de Lexus y comunicarle las buenas nuevas. El hombre al otro lado de la línea contestó con gran emoción diciéndole que la verían en el hospital pronto.

Al llegar a la sala de cuidados intensivos solamente permitieron que Reyna entrara a la habitación. Lo primero que vio fue al doctor y a una enfermera parados frente a Lexus, de inmediato corrió lado de su esposo y lo miró directamente a los ojos, el no dijo nada, se quedó mirándola dulcemente haciendo que los ojos de ella se llenaran de lágrimas, Lexus le sonrió y bromeando le dijo.

—¿Acaso te vas a quedar ahí mirándome toda la noche o qué?

Ella reaccionó a sus palabras y se acercó mas, se agachó, lo abrazó y lo llenó de besos mientras que el doctor y la enfermera solo miraban. Las lágrimas que rodaban por las mejillas de Reyna cayeron sobre la cara de Lexus y con el mismo tono de broma de siempre le pidió que parara de llorar diciéndole que lo estaba ahogando con tanta lágrima, en ese momento Reyna supo que Lexus realmente había regresado a la vida y comenzaron a reír. Fue un momento que por demás rebosaba de alegría, ese júbilo con el que Lexus estaba reaccionando al recobrar el sentido trajo a su mente el recuerdo de cómo era todo antes del accidente. Ella estaba disfrutando cada instante y cada palabra como si fuesen gotas de lluvia sobre el seco desierto.

Pero la realidad súbitamente apareció cuando ella comenzó a notar que Lexus no movía ninguna otra parte del cuerpo mas que la cabeza y un gesto de preocupación se apoderó de su rostro al tiempo que volteaba a ver al doctor y a la enfermera solicitándoles con la mirada alguna clase de explicación. El doctor pidió a la enfermera que salieran de la habitación para dar a Reyna y a su esposo tiempo a solas. Ella los miró retirarse del cuarto con ese gesto de preocupación que permanecía en su semblante. Luego tomó la mano de Lexus, la mantuvo cerca de la de la suya y se daba cuenta que él actuaba como si pudiera sentirla y abruptamente ella también comenzaba a entender la situación real al recordar las palabras que el doctor le había dicho por teléfono, "Lexus no está consciente de su condición".

Lexus la miraba advirtiendo toda la intranquilidad que ella tenía en el rostro y le preguntó si algo andaba mal. Sin decir palabra alguna ella le levantó la mano que tenía sostenida mostrándole su impedimento. Lexus seguía mirándola, luego volteaba la mirada hacia donde estaba su mano y de nuevo hacia ella con un gesto de incredulidad y ansias que Reyna sintió como si un rayo le partiera el alma mientras una horrible sensación helada subía y bajaba por su espalda.

La enfermera regresó para revisar a Lexus, al terminar le dijo a Reyna que la acompañara a la oficina del doctor pues éste necesitaba hablar con ella. Reyna colocó la mano de Lexus de nuevo en la cama, al soltarlo él se quedó sin decir nada y no la perdió de vista mientras se alejaba junto con la enfermera.

El doctor estaba en la oficina esperando a Reyna y se veía muy extrañado por la confusión que ella mostró al ver que Lexus estaba paralizado y le preguntó.

—¿Qué no fue usted informada de que las lesiones de su esposo le causarían parálisis total del cuerpo?

Reyna con voz muy baja y suave contestó.

—Si, si me lo informaron pero . . . supongo que no lo creí.

El doctor le pidió al resto de la familia entrar para que también estuviesen presentes y así podría decirles a todos lo que estaba por venir ahora que Lexus había salido del coma. El doctor trató de que les quedara absolutamente claro que las siguientes semanas serían muy duras para Lexus por lo difícil que iba a ser el darse cuenta de su condición y tener que acostumbrarse a una nueva manera de vivir.

Les sugirió además que buscaran otro tipo de ayuda profesional dado que la situación iba a ser muy difícil para todos y sin más nada que decir se levantó, deseó a todos lo mejor y cuando se disponía a retirarse el padre de Lexus preguntó.

—¿Doctor, qué posibilidades hay de que mi hijo pueda tener movimiento aunque sea al menos en sus manos?

El doctor miró a su alrededor y sintió los ojos de todos clavados encima, ya les había dicho todo lo que necesitaban saber y solo respondió vagamente a la pregunta diciendo.

—Lexus es muy afortunado de estar vivo, ¿no?

Esas últimas palabras del doctor parecieron inundar el cuarto, ya no había nada más que decir, desde antes les había expuesto ya la realidad de la situación y para Reyna todo se tornaba aún mas difícil de creer, sobre todo porque no podía apartar de su mente la expresión que vio en el rostro de Lexus cuando le sostenía la mano y con tanto desasosiego en su cabeza no pudo más y se desplomó sobre la silla dando un fuerte suspiro.

En seguida entró la enfermera para informarles que podían pasar a ver a Lexus antes de que se lo llevaran para hacerle más exámenes. La madre de Reyna le rogó les permitieran entrar a todos al mismo tiempo, ella accedió con la condición de que permanecieran solo unos cuantos minutos.

Al entrar a la habitación pudieron ver que Lexus tenía los ojos llenos de lágrimas lo cual tornaba la situación aún más difícil. No había palabras que pudieran expresar todo el dolor que cada uno sentía al verlo en ese estado. Reyna se acercó a su cama pero él ni si quiera volteó a mirarla. Estaba temerosa de tocarlo y mantuvo las manos muy juntas cerca de su pecho. Había tantas cosas que hubiera querido decirle pero no pudo pronunciar palabra alguna sintiendo en ese momento una terriblemente impotencia.

Luego la madre de Lexus se acercó y obtuvo la misma respuesta por parte de él y para no tener que verla cerró los ojos al tiempo que les pedía a todos salir de la habitación y dejarlo a solas. Reyna comenzó a llorar haciendo que Lexus se exasperara aún más y con un tono más brusco les volvió a repetir que se retiraran.

Todos quedaron en silencio, solo se podía escuchar el agudo sonido que salía del monitor lo que hizo que la enfermera entrara a toda prisa y les pidiera retirarse para atender a Lexus y tristemente tuvieron que irse con la angustia a cuestas.

El padre de Reyna trataba de animarlos diciéndoles.

—Eso se debe a que Lexus está todavía conmocionado, démosle algo de tiempo y todo estará mejor.

No se necesitaban palabras para saber que en esos momentos todos estaban pasando un mal rato. La madre de Reyna quería creer que la decisión de su hija había sido la correcta mientras que la madre de Lexus pensaba para sí misma sobre la encrucijada de saber en dónde estarían todos ahora si lo hubieran desconectado de la máquina que le mantenía con vida. La mujer no había podido alejar esa idea de su mente desde los pasados seis meses y se cuestionaba acerca de su deber moral de hacer lo correcto para su hijo, luego recordó lo último que el doctor señaló.

"Lexus es muy afortunado de estar vivo, ¿no?"

Caminaban en silencio hacia sus autos y antes de abordar su vehículo el padre de Lexus exteriorizó sus pensamientos y sin más afirmó.

—¿Qué es lo correcto? ¡Esto concierne a la obligación moral y creo que eso es lo que el doctor estaba tratando de hacernos comprender! ¿Qué queremos para la vida de mi hijo, cantidad o calidad?

Todos se detuvieron en seco y lo miraron como tratando decirle algo pero se quedaron fríos al notar la mirada desconcertada en su cara cuando ni él mismo supo cómo contestarse la intensa pregunta que había lanzado. Luego ensimismado y en silencio se despidió de todos agitando la mano, subió a su auto y esperó a que su esposa se despidiera y se marcharon dejando atrás a los otros.

Mientras conducía en silencio su mujer volteaba a verlo sin saber que decir, no le quitaba la vista de encima y miraba cada uno de sus movimientos hasta que consiguió su atención.

—¡Me temo que hemos perdido a nuestro hijo! . . . porque aun pensando en que mentalmente está con vida, físicamente está muerto. Es muy duro para mi decirte esto pero el padre de Reyna estaba en lo correcto hace seis meses cuando hablamos de apoyarla si era necesario desconectarlo. ¿Sabes? Me rompió el corazón cuando nos pidió marcharnos, la expresión que tenía en sus ojos me quitó el aliento sentí como si me hubieran dado un tiro mortal.

El hombre la escuchó y luego dijo.

—Solo dios sabe que es lo correcto. Yo no sabría que hacer pero si lo mismo me hubiese pasado a mí, yo habría querido que jalaras del enchufe para no dejarte ni a ti ni a los demás sufriendo por el resto de mi vida,— hizo una pausa y luego prosiguió diciendo.

—Como padres tenemos obligación moral hacia nuestros hijos por eso siempre anhelamos tomar las mejores decisiones en cuanto a lo que consideramos que es lo mejor para su futuro pero también tenemos obligación hacia nosotros mismos. ¿Crees que lo que deseamos para él es una vida de tristeza y soledad?, es un deber ser honestos al tratar de respondernos a esa pregunta. Y también debemos considerar que ahora Reyna no tendrá vida propia por el error que nuestro hijo cometió. ¿Porque tiene que sufrir ella? ¡Yo creo que ya ha pasado por mucho en todos estos meses! ¿Sabes algo?, si pudiera, haría cualquier cosa por esa mujer porque no merece una vida llena de dolor forzada por la irresponsabilidad de nuestro hijo y ¿te digo algo?, a partir de hoy es ahí donde colocare mi obligación moral . . .

Y sin parar de hablar el hombre continuó diciendo.

—En el reporte de la policía mencionaron que los niveles de alcohol de Lexus eran de más de tres puntos, ¡estaba totalmente ebrio cuando se subió a su auto ese día! ¡El se hizo daño a sí mismo y ahora tendrá que pagar el precio! ¡Y lo que realmente me lastima aún mas es ver como hunde a Reyna con él!

Su esposa gritando lo detuvo para terminar con lo que él estaba juzgando.

—¡Esto no es concerniente a Reyna!, ¿o sí?—dijo la mujer— ¿Y qué sobre nuestro hijo? ¿Qué sobre su vida?

El respondió señalando.

—Querida, ¡nuestro hijo está acabado, su vida está acabada! ¿Qué no viste la expresión en sus ojos, que no escuchaste su voz? ¡El ya no es nada más que recuerdos, solo recuerdos!—y con tristeza continuó.

—Creo que yo que podría vivir con los buenos recuerdos de él pero . . . no estoy seguro de poder hacerlo con los malos—dijo

Luego el hombre habló del pasado a su mujer diciéndole.

—¿Recuerdas cuando él estaba en la preparatoria? ¡Que orgullo sentimos cuando anotó el punto del gane en el campeonato estatal! También cuando se graduó de la universidad con las más altas calificaciones . . . ¡esos, esos son los recuerdos que tengo y quiero mantener conmigo hasta el día que me muera! . . . ¡Lexus tenía un gran futuro por delante y lo destruyó en unos cuantos minutos por no utilizar su sentido común y nuestro hijo bien lo sabe, lo pude ver en sus ojos! Y ahora, ¿en que se ha convertido?, en un bebé de veintiséis años de edad que necesitará de una enfermera que lo cuide hasta el final. ¡Eso no fue por lo que trabajamos tan duro . . . le dimos todo para que tuviera un buen futuro!

—¡Ya, calla por favor!—le dijo la mujer llorando y sin mencionar nada mas siguieron camino a su casa.

Mientras tanto en otro lado el padre de Reyna manejaba hacia la casa de ella en silencio. Ninguno quería pronunciar una sola palabra pero sabían que algo se tenía que decir. En sus pensamientos Reyna estaba segura de que lo primero que necesitaba era comenzar a planear el cuidado de Lexus, consideró que tenía la obligación moral de atender de él, pensaba en que nunca podría dejar de amarlo y todo por lo que estaban pasando era solo una prueba del amor que se tenían el uno al otro.

Las emociones la dominaban, en esos momentos su mente clara y práctica había quedado atrás, se repetía a sí misma que podría cuidar de Lexus porque lo amaba. Estaba tratando de mantener sus ideas cuando a su mente llegó el recuerdo de una canción y como por reflejo la empezó a tararear y dijo en voz alta.

—Todo lo que necesitas es el poder del amor.

Su padre echó un vistazo por el espejo retrovisor para verla y notó que sonreía, ella al advertir que su padre la miraba comenzó a cantar en voz alta. Al principio él estaba un poco confuso y volteó para poder mirarla bien, ella le sonrió y le indicó con la cabeza poner atención al conducir y continuó cantando su canción, luego su padre reconoció la melodía y se le unió a cantar.

La madre por su parte seguía absorta pensando en los eventos ocurridos ese día, estaba sumida en lo más profundo de sus pensamientos sin poner atención realmente a lo que pasaba a su alrededor. Se prendió la luz roja del semáforo y el auto se detuvo. Reyna y su padre cantaban fuertemente al ritmo de la melodía de la canción como si estuvieran actuando en un escenario lo que hizo que la mujer saliera de su ensimismamiento y con sorpresa miró a su esposo preguntando.

—¿Qué está pasando aquí? ¿De qué me perdí?

Ellos sin contestar siguieron cantando. Al llegar a su destino Reyna se inclinó a besar a su padre en la mejilla luego volteó hacia su madre e hizo lo mismo, abrió la puerta, les agradeció a ambos y sin decir nada mas salió del auto mientras sus padres la miraban correr hacia la puerta y desaparecer dentro de su casa.

Y por fin unos cuantos meses más tarde llegó el día que ella tanto había estado esperando cuando le permitieron llevarse a Lexus a casa. Lo había planeado todo muy bien y su familia le había ayudado para que cada cosa estuviera en su sitio. Ella quería en tanto como fuese posible que él sintiera que estaba en su hogar. Y aunque ambas madres se ofrecieron para ayudar con los cuidados ya tenía contratadas a las enfermeras que vendrían a atenderlo mientras ella iba a trabajar, además contaba con la asistencia médica que estaría comunicada y conectada a la máquina de soporte vital con una alarma que alertaría de cualquier cambio serio en el sistema de Lexus y en caso de cualquier emergencia las instalaciones estaban localizadas apenas a unos minutos de distancia.

Reyna colocó letreros por todo el condominio que decían "¡Bienvenido a casa Lexus!", pensaba que sería un día muy alegre para todos cuando lo vieran regresando a su hogar, todo era perfecto, incluso el clima. Sus amigos y familia ya estaban ahí reunidos para celebrar. Luego de un rato llegó una camioneta donde venían Lexus y Reyna.

El estaba muy entusiasmado de volver a casa y poder pasar tiempo con su esposa. Lo primero que hizo al entrar fue mirar todo alrededor de la habitación, vio los letreros y las caras sonrientes de familiares y amigos, pudo oler la comida que había sido preparada para ese momento especial y le trajo miles de recuerdos de la cocina familiar. Era increíble que hubiera pasado más de un año desde el accidente.

La enfermera que empujaba la silla de ruedas se dio cuenta que el disfrutaba del aroma de la comida y lo acercó a la mesa de la cocina para que pudiera ver todas la delicias que estaban ahí. En la mesa había algo que llamó su atención, era un florero grande con flores frescas que despedían una agradable esencia y trataba de inclinar su cabeza para alcanzar las flores y poder olerlas mejor pues le trajeron el recuerdo del jardín que su madre tenía cuando él estaba creciendo.

Mike fue el primero en acercarse a saludarle ya que era con quien tenía una amistad más cercana mientras que los otros amigos esperaban su turno. Lexus no pudo dejar de observar cierta expresión en los ojos de su amigo, por alguna razón le parecía que últimamente había estado viendo esa misma expresión en las miradas de muchos. Luego le pidió que se acercara un poco más para poder hablar con él pero Mike parecía un extraño, era como si no tuviera mucho que decir, lo único que mencionó es que estaba contento de verlo pero eso no era realmente lo que Lexus quería escuchar de su amigo. En cualquier otro momento antes del accidente ellos habrían hablado sobre un sinfín de cosas, sobre todo de carreras de autos, Mike era quien constantemente lo mantenía a actualizado sobre los puntajes al final de la temporada de carreras. Sin embargo lo único que Lexus vio escrito en ese rostro fue una expresión de lástima, poco a poco comenzaba a darse cuenta que ya no era uno mas de ellos.

En más de una ocasión Lexus pudo escuchar su nombre en las conversaciones de los demás pero cuando volteaba a ver a quienes lo mencionaba de inmediato suspendían la plática, empezó a sentirse como si fuera un fenómeno al cual todos parecían temerle. La realidad es que estaba paralizado, inmovilizado desde los hombros hacia abajo, no tenía control sobre ninguna de las funciones de su cuerpo y cada día tendría que aprender a sobrellevar todo eso, desde su dieta, que por cierto estaba muy restringida en cuanto a lo que podía comer y beber, hasta todo aquello que necesitara en su vida, la cual por demás, no estaba ni tantito cercana a lo normal, en esos momentos hubiera deseado que lo trataran igual como antes lo hacían.

Reyna se aproximó a Lexus para saber cómo estaba pero justo alguien la llamaba, parecía que las cosas comenzarían a ir mejor cuando llegaron a la casa algunos de los viejos compañeros de equipo de Lexus que habían jugado un partido por la tarde y al saber que él ya estaba ahí decidieron pasar a saludarlo. El estaba muy contento de verlos pero la felicidad le duró muy poco, al comenzar a platicar con ellos dolorosamente notó esa misma expresión de compasión que todos tenían en sus ojos y sin hablar más que un par de palabras enseguida dijeron que tenían que marcharse.

Minutos más tarde llegó quien había sido su jefe en el trabajo y entraba a la habitación riendo con algunos de los otros chicos pero al verlo ahí en la silla de ruedas todo su comportamiento cambió y después de una muy breve conversación decidió irse. Lexus le agradeció el haber pasado a visitarle y el hombre instintivamente hizo un movimiento como queriendo saludarle de mano justo como antes solía hacerlo pero se detuvo en seco al recordar que no podría hacer eso y entonces nuevamente Lexus vio en los ojos de su jefe esa desagradable expresión que denotaba un dejo de lástima lo cual ya se estaba haciendo muy común en todos los que lo veían, esa situación hacía que realmente empezara a sentirse cansado y confundido al ser tratado de esa manera.

Se daba cuenta de que su condición causaba tristeza, lástima y miedo a los demás y le ocasionaba una profunda angustia. Su madre había estado observando su actitud y se dio cuenta de su repentino cambio y se acercó a preguntarle si se sentía bien, él reaccionó de muy mala manera tomándola contra su ella y le contestó con brusquedad levantando la voz hacia donde estaban los demás para que todos pudieran oírlo.

La enfermera al verlo así se acercó rápidamente para tratar de calmarlo pero era demasiado tarde él ya estaba muy alterado y fuera de control. Reyna entró a la cocina rápidamente al oír gritos y preguntó qué era lo que estaba sucediendo, Lexus entonces comenzó a gritarle también a ella y le ordenó que echara de la casa a todos inmediatamente. Reyna trató de tranquilizarlo pero él groseramente le reclamó que hiciera lo que le decía y exigiera a todos que se fueran.

Prontamente la enfermera le dijo a Reyna que debería sacarlo de la cocina y llevarlo a su recámara para que pudiera descansar. Lexus continuaba haciendo escándalo volcando su ira también hacia la enfermera que trataba de controlarlo. Con fuertes gritos y en un gran arrebato de esos que solo un niño pequeño haría les dijo a todos que se largaran y lo dejaran solo de una buena vez. Reyna estaba muy sorprendida y apenada por la reacción de su esposo y se vio forzada a pedirles a todos que se retiraran.

El problema es que Lexus estaba cayendo en cuenta de golpe que esa no era la clase de vida que quería. No podía aceptar el hecho de que de hoy en adelante tendría que vivir como un inválido. Sintió que estaba empezando a ser castigado por el error que cometió, él no quería vivir así sobre todo porque no podía entender la manera en que todos lo miraban. El hecho de no tener control sobre las funciones de su propio cuerpo era ya en si demasiado malo pero más aún lo era el no tener control sobre su propia vida y decisiones, se sentía como si fuese una marioneta incapaz de elegir o decidir por sí mismo.

Cuando lo llevaron a su recámara se quedó mirando alrededor de la habitación y sus ojos se enfocaron en una fotografía que estaba en la cabecera de la cama, era la foto del día de su boda. Parpadeó para que sus ojos se secaran de las lágrimas de modo que pudiese tener una mejor visión de la foto, mirándola fijamente recordó como ese día fue tan especial para ellos y lo bella que estaba Reyna, las lágrimas fluyeron libremente de nuevo cuando sus recuerdos volvieron a vivir ese día especial que ella le dijo:

"Te acepto y tomaré este viaje contigo mientras en nosotros prevalezca calidad de amor y de vida".

Esas palabras fueron tan importantes en aquellos momentos y llevaban en si un gran significado pero desgraciadamente el accidente lo había cambiado todo, él sabía perfectamente que ahora ya no podría cumplir esa promesa. Su mente se llenaba de miles de pensamientos que lo hicieron estremecer y se decía así mismo con reproche y dolor.

—¡Esto es un infierno!, ¡no puedo ni siquiera dormir en la misma cama que mi esposa y no puedo tener sexo con ella! ¡Deberían haberme dejado morir en paz! ¡Yo no merezco una vida como esta, si a esto se le puede llamar vida . . . esto no es vivir, esto no es más que ser el caparazón de un cuerpo quebrado!

Y sobrecogido por un gran sentimiento de culpa lloraba fuertemente recriminándose y preguntándose una y otra vez, cómo pudo haberse hecho eso a sí mismo.

Su madre y la madre de Reyna oyeron algo y se acercaron a la habitación para ver qué le sucedía. Pero al escucharlo se detuvieron de repente antes de entrar, las palabras que él decía penetraron profundamente en sus corazones y prefirieron no molestarlo pero se quedaron cerca la puerta oyendo todo, sabían que Lexus estaba sufriendo al tratar de aceptar su nueva forma de vida. La madre de Reyna jaló a la de Lexus lejos de la puerta del cuarto, las invadía tal sentimiento de impotencia que lo único que podían hacer era consolarse una a la otra.

Reyna había estado despidiendo a los invitados y al acompañar al último vio que ambas madres estaban sentadas hablando. Las dos tenían una terrible mueca de preocupación en sus rostros, les preguntó si algo andaba mal y ellas se quedaron mirándola sin decir palabra alguna, Reyna asumió que solo era porque estaban afligidas. Las trato de calmar diciéndoles que no se preocuparan por la manera en que Lexus estaba actuando, tratando de excusarlo les dijo que seguramente estaba un poco cansado por toda la agitación del día y todo eso había sido mucho para que él pudiera entenderlo tan pronto.

Reyna las encaminó hacia la puerta y les agradeció por el enorme apoyo que le brindaron para la fiesta, ellas ofrecieron quedarse a ayudarle con la limpieza pero Reyna insistió que podría hacerlo sola. Las miró retirarse y se dispuso a limpiar. Al terminar se fue a vigilar a Lexus, cuando entró a la habitación él tenía los ojos cerrados tratando con ello de borrar huellas de sus lágrimas, sin embargo Reyna sabía que él había estado llorando, se agachó, lo besó en la frente con delicadeza y con un suave murmullo le dijo que lo amaba. El abrió los ojos y vio como con una hermosa sonrisa tomaba una toallita de las que la enfermera había puesto y le limpiaba el rostro lloroso. Los ojos de Lexus se llenaron aún más de lágrimas al tenerla frente a frente. Ella se sentó en la cama, se inclinó de nuevo acomodando su cabeza en el hombro derecho de él y permaneció en esa posición hasta quedarse dormida.

Poco a poco Reyna se daba cuenta que se encontraba llena de apuros, el dinero ya no era suficiente para pagar todos los gastos y las cuentas médicas de Lexus, que por demás eran demasiado altas, el límite máximo anual de su seguro se había agotado. El desembolso del deducible y las cuentas eran más de lo que ella podía pagar y su colección de recibos, facturas y deudas crecía cada día, aparte de que tenía que sobrellevar el constante acoso de cobradores que a diario llamaban en tono amenazante. La solución era comenzar a trabajar tiempo extra para poder pagar las cuentas. Desafortunadamente en la oficina no había posiciones para cubrir horas extras y se vio forzada a buscar un segundo trabajo de medio tiempo.

Consiguió empleo en un restaurante y aunque no era mucho el sueldo, por lo menos ahí obtendría buen dinero de las propinas. Además tenía la ventaja de que el jefe era muy flexible en cuanto al horario. Obviamente el trabajo de medio tiempo la forzaría a estar lejos de Lexus más de lo que ella hubiese deseado pero era algo que no podía evitar.

Reyna estaba haciendo un gran esfuerzo al trabajar en dos lugares además de las labores del hogar y cuidar de su esposo, tanto era su agotamiento que muchas veces sin darse cuenta caía rendida de sueño y se quedaba dormida en la mesa del comedor o mientras miraba televisión con Lexus, incluso a veces él tenía que despertarla para que se fuera a la cama a dormir.

Lexus veía claramente los cambios que estaban ocurriendo en Reyna. La tensión de las finanzas y el tiempo que le tomaba cuidar de él la hacían quedar extenuada y poco comunicativa. Incluso hasta su apariencia cambió. Un día se cortó totalmente su larga cabellera dejándola casi hasta las orejas sin preguntar siquiera la opinión de Lexus, siendo que una de las muchas cosas que habían atraído su atención era lo hermosa que lucía con su larga cabellera. Igualmente su forma de vestir cambió, parecía que ya no le importaba mucho su aspecto. Lexus por su parte también cambiaba cada vez mas, día a día se iba convirtiendo en un ser frustrado, más aun cuando trataba de hablar con ella. El juraría que Reyna no era feliz ni con la vida ni con ella misma, a veces la escuchaba hablar por teléfono con su madre y siempre buscaba excusas y evitaba las invitaciones a salir, invariablemente decía que no tenía tiempo o que no podía dejarlo solo, era como si lo usara como pretexto para no salir.

Así era su vida, una rutina de todos los días hasta que las cosas se tornaron aun peor. Una tarde, Reyna llegó a casa a una hora mucho mas avanzada de lo usualmente lo hacía al regresar del trabajo en el restaurante. Habían transmitido un importante partido el bar y estaba lleno de clientes que querían ver el juego, su jefe le pidió quedarse unas cuantas horas más y ella pensando en que las propinas le vendrían bastante bien aceptó, además solo sería por esa noche.

Era muy tarde cuando llegó a casa y notó que Lexus aún estaba despierto. Lo saludó y se fue directo al baño a tomar una ducha y prepararse para ir a dormir pues al día siguiente le esperaba una importante presentación en su trabajo en la oficina. Ella estaba muy interesada en esa junta porque la compañía estaba buscando a alguien para un nuevo puesto y si ella lo conseguía lograría una entrada más de dinero a la casa, así podría renunciar al trabajo en el restaurante y poder tener mas tiempo y disponibilidad en casa para estar al lado de Lexus. Además sabía muy bien que era la más calificada para ese puesto.

Cuando salió de la ducha ajustó la alarma de su despertador, luego se sentó en la cama y comenzó a escuchar los mensajes de voz del teléfono. Lexus no le quitaba la vista de encima y de repente comenzó a preguntarle dónde había estado esa noche, ella distraída y cansada no le respondió tan pronto como a él le hubiera gustado y entonces le repitió la pregunta. Ella no lo tomó tan en serio y siguió haciendo sus cosas y hasta pudiera parecer que ignoraba sus cuestionamientos. En la máquina contestadora había varios mensajes acumulados que requerían de toda su atención y hubo uno en particular que no estaba muy claro, era la voz de un hombre al que no se le entendía muy bien, subió el volumen y lo escuchó una y otra vez hasta entender lo que el hombre estaba diciendo, luego continuó escuchando los demás mensajes ignorando a Lexus completamente mientras él comenzaba a imaginar miles de cosas pensando que tal vez Reyna tenía un admirador secreto y que eso era lo que la mantenía alejada. Sus especulaciones le provocaron un grotesco arranque de celos y comenzó a exigir que le respondiera en dónde había estado esa noche.

Ella terminó de escuchar los mensajes y hasta entonces le puso atención y eso porque el comenzó a gritarle y exigirle nuevamente que le respondiera en dónde había estado esa noche.

—¿Quién era ese hombre que te llamó al teléfono?—le preguntó con ira.

Los cuestionamientos de Lexus tomaron a Reyna totalmente por sorpresa y cuando oyó las palabras que él estaba usando hacia ella se quedó sin habla, él comenzó a atacarla por todo, incluso hasta por su manera de vestir.

—¡Pareces una cualquiera!— sin mostrar respeto alguno le gritó con ímpetu revelando unos celos infundados.

Ella nunca antes había escuchado tales palabras venir de Lexus y sin poder decir nada, se quedó ahí sentada mirándolo, cada vez que trataba de decir algo él interrumpía maldiciendo e injuriando y muchas veces más volvió a decirle que era una "cualquiera". Reyna no pudo mas, estalló en llanto y salió corriendo fuera de la habitación mientras él seguía insultándola una y otra vez aún después de que ella saliera del cuarto.

Y no paró de vociferar sino hasta muy tarde, luego se quedó mirando fijamente la foto que estaba en la mesa de noche cerca de la cama y entonces se dio cuenta que había roto una de las promesas más profundas que le había hecho a Reyna el día de su boda.

"Nunca seré irrespetuoso y jamás te acusaría de hacer algo mal sin siquiera escuchar lo que tengas que decir primero".

Lexus se encontraba atrapado entre sus emociones, buscaba culpar a alguien por el hecho de estar viviendo la cruda realidad de ser un lisiado pero sabía perfectamente que nadie, más que él mismo era el único culpable de la situación que estaba sufriendo porque había sido él quien eligió manejar ebrio.

Esa noche las horas pasaron demasiado lentas, ya era muy tarde y aún se podía escuchar a Reyna llorando en la otra habitación, Lexus seguía tratando de culparla a ella porque no quería aceptar que solamente él era la causa de toda esa tristeza y sin duda que lo era por haber conducido ese auto borracho causando el accidente. No, no era la culpa de Reyna sino de él mismo y el no querer darse cuenta o no aceptar la responsabilidad de sus propias acciones era lo que le causaba esa horrible reacción, lo único que consiguió esa noche fue que Reyna huyera lejos de la habitación en lo que él se quedó amargamente lamentando su dolor hasta que cerró los ojos y lo venció el sueño.

Más tarde ella regresó a la recámara en silencio aun temerosa de hacer algo que volviera a desatar su ira, se quedó un rato ahí parada mirándole dormir un profundo y doloroso sueño. Reyna estaba física y mentalmente exhausta, había trabajado horas extras y llegó a casa solo para encontrarse con esa afrenta, ya no podía mas, cayó rendida en la cama y se quedó dormida. Al poco tiempo su alarma sonó, despertó, se levantó y comenzó a prepararse para ir al trabajo, no quiso hacer ruido para no despertar a Lexus pero cuando se ponía los zapatos notó que él estaba despierto y la miraba fijamente.

—Buenos días querido—dijo ella.

El no le respondió el saludo tratando de hacerla sentir incómoda. Reyna tontamente creyó que en parte era algo responsable por lo que había pasado la noche anterior y comenzó a darle explicaciones y ofrecerle disculpas diciéndole que lamentaba mucho no haberle dicho trabajaría horas extras pero Lexus continuaba impávido, no pronuncio palabra alguna y con una mirada inquisitiva seguía cada uno de sus movimientos sin perderla de vista.

Reyna volvió a decirle que lo sentía mucho pero antes que pudiese terminar lo que iba a expresar Lexus la interrumpió gritando con reproche.

—¿Lo sientes? . . . ¡Oh Si! ¡Seguro que lo debes sentir! Pero ¿sabes algo? Eso no significa nada para mí. ¡Y claro! ¡Por supuesto que deberías sentirlo pues tú eres la culpable por tenerme viviendo así! ¿Por qué rayos no me dejaste morir? ¿Sabes que es lo único que has logrado con esto? ¿Lo sabes? ¡Yo te lo diré! ¡Lo único que has hecho es que mi vida sea nada más que un maldito infierno!

—¡No sabes lo que dices!—Reyna intentaba acercarse hacia él, lloraba y le pedía detenerse de decir tales cosas.

—¡Aléjate! ¡Por favor aléjate de mí! ¡Qué no te das cuenta que yo no quería vivir así! ¿Por qué? . . . ¿Por qué no me dejaste simplemente morir?—Lexus gritó.

Después de escuchar todos esos reproches Reyna tomó sus cosas y corrió hacia la puerta. Definitivamente ya no quería escuchar más palabras violentas, lo único que quería era alejarse de él. Tomó su auto y se dirigió hacia su trabajo. Mientras conducía pensaba si acaso estaría haciendo o no lo correcto para ambos. Se debía a la obligación moral que tenía hacia él y no podía entender cómo era posible que todo lo que estaba pasando fuera culpa suya.

Y miles de pensamientos mas atravesaban por su mente, especialmente repasaba todo lo que había sucedido el año anterior, recordó el disgusto que sintió cuando ambos de los padres le sugirieron desconectar la máquina de vida artificial y cómo su enojo fue tanto que hasta estuvo dispuesta a excluirlos de su vida para siempre y reflexionando se preguntaba en voz alta.

—¿Será que ese coraje que Lexus siente y avienta contra mí es algo como lo que yo sentí hacia nuestros padres? ¡Oh, cielos! ¡Tal vez lo que ellos estaban tratando de hacer hace un año era precisamente protegerme de esta violencia! pero . . . ¿cómo podrían haber sabido que esto pasaría?

Seguía meditando sobre eso e inmediatamente las palabras que el doctor dijera llegaron a su mente.

"Lexus es muy afortunado de estar con vida, ¿no?"

Sus pensamientos eran un caos y un montón de recuerdos más resonaban en su cabeza, pasaba de una cosa a otra y recordó las palabras que algún día oyera decir al padre de Lexus.

"La obligación moral no siempre determina lo que es correcto o equivocado. No es algo acabado o rígido, es algo que cambia según las circunstancias pero solo si razonas y usas tu sentido común . . . Siempre debes permitir y tratar de mantener tu mente abierta, de esa manera

tendrás un mejor escenario para entender el cuadro completo y entonces tu sendero hacia el futuro tendrá un mejor sentido".

Y fue hasta entonces que comenzaba a entender esas palabras y a quedarle mas claro lo que el hombre quiso decir acerca de la obligación moral y trataba de creer que tal vez la decisión que tomó estuvo basada solamente por la obligación moral que sentía hacia Lexus porque en aquel momento pensó que eso tenía que ser lo correcto para ambos. Realmente en ningún momento pensó en lo que Lexus hubiese querido que ella hiciera. Nunca consideró el futuro de su esposo en el cuadro completo. Y ahora era él quien le estaba diciendo lo que le hubiera gustado que ella hubiese hecho. Pero ya era muy tarde, ya nada de eso podría cambiarse, tanto él no podía cambiar el daño que se hizo a sí mismo como ella el hecho de no permitir que lo desconectaran. Y cierto es que se sentía atrapada entre dos dilemas, por un lado la obligación moral hacia Lexus y por otro la que se debía a sí misma, lo cual hasta ahora caía en cuenta que en verdad lo necesitaba.

Sus pensamientos continuaban surgiendo uno y otro, todos al tiempo y lo único que quería era desenrollar tanto dilema y darle algo de sentido a todo eso. Lo que era innegable es que había sido su decisión el no permitir que desconectaran de la máquina de soporte artificial de su esposo y por eso ahora el cuerpo de él estaba muerto y su mente no podía sobrellevar esa situación tan fácilmente. Seguía piense y piense mientras iba conduciendo y meditaba lo siguiente.

"El cuerpo y la mente trabajan juntos y forman una unión que constituye tu alma mortal, cuando se transforman nutren o empobrecen tu espíritu según el cambio que sufra. Y esa unión, cualquiera que sea en las condiciones en las que esté, de cuerpo, alma y espíritu es la evidencia de tu Yo."

Y precisamente ese era cambio que estaba viendo en Lexus, jamás sería el mismo hombre que fuera antes del accidente, del mismo modo en que tampoco ella podría ser la misma persona.

Todos esos pensamientos eran demasiado para seguir dándole vueltas en la cabeza, afortunadamente se dirigía a su trabajo y eso aligeraba algo de la tensión que traía acumulada dentro, trató de despejar su mente pensando en la presentación y en el difícil día de trabajo que le esperaba.

La jornada pasó sin novedades y Reyna salió de la oficina apresuradamente para irse a casa y ver a Lexus, cambiarse de ropa y arreglarse para su otro trabajo en el restaurante. Cuando llegó tenía la esperanza de que él se encontrara de mejor humor y entró a su cuarto con el deseo de hablar sobre lo que había pasado la noche anterior pero al ver que estaba dormido no quiso molestarlo, realmente aún tenía miedo por el malentendido pero no pudo hacer nada más así que se cambió de ropa y se fue a su otro trabajo.

Cuando llegó al restaurante su jefe le agradeció por haberse quedado a trabajar horas extras la noche anterior y le preguntó si deseaba marcharse temprano. Reyna no desaprovecho la oportunidad, tal vez así podría componer las cosas de la mejor manera con Lexus. Llegó a casa justo al tiempo que la enfermera se preparaba para irse, aunque estaba contenta de poderla saludar su alegría desapareció cuando ella le comentó que el reporte que le tenía sobre su esposo no era muy agradable, él había tenido un muy mal día, no había logrado hacer que comiera nada y parecía estar demasiado molesto.

—Si acaso se sale de control llámame inmediatamente—le dijo la enfermera.

Reyna aterrada aún por lo sucedido no estaba segura si podría manejar otra noche como la anterior, esperó unos cuantos minutos antes de entrar a la habitación. Supuso que entendía bien como se había sentido Lexus así que le haría saber que no importando nada lo seguía amando igual que lo había hecho desde antes del accidente. Quería que el supiera que no por su condición era menos hombre ahora, además necesitaba decirle que estaba dispuesta a cuidarlo. Y justo en eso estaba cuando escucho a Lexus llamarla por su nombre con voz alta y firme.

—Reyna. ¡Sé que estás ahí!

La habitación estaba algo obscura, se veía solo el resplandor que provenía del televisor, ella entró con miedo y encendió la luz cercana a la entrada para que pudieran verse uno al otro esperando que Lexus estuviera de mejor humor y que todo lo sucedido la noche anterior así como lo de esa mañana muy temprano hubiesen sido solo un mal momento.

Lentamente caminó hacia donde estaba su esposo tratando de entablar conversación con mucha cautela pues la enfermera ya le había alertado que él estaba de mal humor y había tenido un día muy pesado. Con voz suave le dijo que le apenaba mucho que estuviera sintiéndose así y que entendía por lo que estaba pasando, trató de explicarle que ella no había sido negligente para con él a propósito sino que lo hizo porque se necesitaba dinero extra para pagar algunas cuentas. Luego le dijo del nuevo puesto que estaba esperando conseguir con el cual tendría un aumento y no necesitaría un segundo trabajo.

Ella seguía hablando, por la forma que estaba expresando sus palabras sentía que estaba en control de la situación y pensó que con eso iba a lograr que Lexus entendiera. El la miraba y solo movía la cabeza de vez en cuando para hacerle saber que la estaba escuchando pero cuando ella le dijo que todo lo estaba haciendo por él, antes de que pudiese terminar la frase súbitamente la interrumpió diciendo.

—¿Por mi? ¡Lo que deberías haber hecho por mí era haberme dejado morir! ¡Eso hubiese sido lo mejor para los dos! ¡Has sido tú la que permitió que ahora yo viva en esta desdicha y tú bien lo sabes!—le dijo enardecido

Los sentimientos de Reyna se desmoronaron al escuchar todo eso, lo miró profundamente a los ojos y pudo advertir que sus palabras revelaban en verdad lo que su corazón sentía cuando con lágrimas le dijo que no quería continuar viviendo así.

Ella siendo muy sincera le dijo en tono apacible que si lo había hecho era porque no lo pudo dejar ir, al oír eso Lexus se encendió aún más e iracundo respondió gritándole con rabia.

—¡Pero si esto no se trataba de ti! ¡No era acerca de lo que tú querías sino de lo que yo necesitaba! . . . ¡Pero al final tú lo decidiste! . . . ¡Y bien, como tú así lo quisiste te diré algo, mientras siga forzado a vivir con el constante dolor de estar enjaulado dentro de un cuerpo muerto voy a hacer que tu vida sea un infierno tal como lo es la mía!

Las recias palabras de su marido hicieron que Reyna retrocediera y corriera aterrada fuera de la habitación, estaba tan impresionada que comenzó a ahogarse en un inconsolable llanto. Se acurrucó en el sofá y se quedó dormida ahí toda la noche.

La decisión de haber renunciado a su libertad y a su futuro por preservar la vida de él, lo cual en sí mismo era una causa noble, era algo que estaba empezando a destruir lo que le quedaba de existencia. Las palabras que él dijo hicieron que a partir de ese momento ella comenzara a sentir que su manera de pensar acerca de la obligación moral estaba cambiando.

A la mañana siguiente despertó justo a tiempo para prepararse e irse al trabajo y esta vez no hizo siquiera el intento de acercarse a mirar a Lexus, al terminar de arreglarse simplemente corrió directo hacia la puerta y se fue. Su corazón estaba quebrado a tal punto que sentía que estaba perdiendo el gran amor que tenía por él pero más aún, sentía que poco a poco iba perdiendo su amor propio.

El comienzo del día había sido malo y las cosas para ella no fueron mejor después. Al llegar a su trabajo, la jefa la llamó a su oficina. Reyna estaba segura de que habría noticias de lo que tanto había estado esperando con del puesto que había solicitado. La mujer comenzó la plática preguntando cómo estaba todo y como iban las cosas en casa. Por alguna razón Reyna notó algo raro, la mirada de su jefa le hizo pensar que no la había llamado solo para preguntar sobre su vida personal, advirtió una fuerte tensión al verla moviéndose de aquí para allá dando torpes pasos. Luego sin más preámbulo le dijo.

—Lo siento mucho pero no conseguiste el puesto.

Con gran desilusión Reyna se levantó, le agradeció por todo y caminó firmemente hacia la puerta, su jefa salió detrás de ella tratando de alentarla pero Reyna no la escuchaba, simplemente quería estar a solas. Sabía muy dentro de su corazón que ella era la persona mejor calificada para ese puesto y había trabajado fuertemente para conseguirlo.

—¡No es justo! ¡Simplemente no es justo!—murmuraba mientras caminaba.

Entró a su oficina cerrando la puerta tras de sí, se sentó en su escritorio, colocó sus manos en la cabeza y comenzó a pensar en todo lo que había estado viviendo en los pasados días. Le inundaba la mente el problema de su esposo, luego su situación financiera, sentía que estaba al punto de la quiebra y temía no poder pagar las cuentas médicas especialmente ahora que no había logrado obtener el puesto que necesitaba.

La pobre ya no veía el final. No había tendido tiempo para sí misma, incluso no podía siquiera recordar cuándo había sido la última vez que gastó algo de dinero en ella. Se quedó ahí pensativa dándose cuenta que no podía hacer nada y solo miraba hacia afuera a través de la ventana como buscando una respuesta que le diera sentido a todo.

Mientras estaba sentada en su escritorio, Sylvia, una de sus compañeras de trabajo notó como se había quedado absorta mirando por la ventana con ese gesto de tristeza en la cara y se le quedó viendo fijamente por un rato para ver si con eso llamaba su atención, sin embargo Reyna parecía no haberla visto, entonces Silvia tocó la puerta y sin esperar respuesta entró enseguida a la oficina agarrándola totalmente distraída y pudo ver que en ese rostro extraviado había lágrimas. Reyna trató de limpiar su llanto rápidamente para no revelar su situación mientras Sylvia preguntaba si todo estaba bien, cerró la puerta firmemente y avanzó hacia ella.

Sylvia tenía ya unos cuantos años trabajando en la misma oficina y por supuesto sabía muy bien por lo que había atravesado tiempo atrás con lo de su esposo, también sabía que Reyna era una persona muy honesta y respetuosa y le tenía una gran admiración además de que le estaba muy agradecida por haber sido tan considerada con ella cuando su madre de falleció y tuvo que tomar una semana de permiso para estar con su familia y había sido precisamente Reyna quien la cubrió en el trabajo realizando todas sus labores mientras que estuvo fuera. Aunque a veces ellas hablaban realmente no se conocían muy bien a fondo, tal vez porque fuera de trabajar en la misma compañía no tenían mucho en común. Lo único que Reyna sabía de Sylvia es que era divorciada y madre de dos hijas adolescentes.

Por casi un año entero Sylvia había visto como el estrés de Reyna se acumulaba poco a poco y siempre trataba de ser amable con ella, muchas veces la invitó a eventos sociales para tratar de disipar su tensión pero invariablemente obtenía la misma respuesta, ella siempre tenía que irse a casa para estar con su esposo.

Sylvia, como todos en la oficina, sabía que la posición que estaba vacante en el trabajo debería haber sido concedida solo a Reyna y se sorprendió mucho al escuchar que en lugar de habérselo dado a ella habían contratado a alguien nuevo en la compañía. Por eso al verla tan triste decidió hacerle compañía y darle su apoyo, se arrodilló a su lado, le preguntó si podía darle un abrazo y le dijo.

—Reyna, si necesitas a alguien con quien hablar, aquí estoy yo.

Incapaz de contener las lágrimas Reyna volteó, la abrazó y continuó llorando por un rato envuelta en los brazos de Sylvia. Era una sensación tan agradable sentir que alguien la apoyaba y se preocupara por ella en todo ese tiempo que lo único que había hecho era estar preocupada solo por las necesidades de Lexus, tanto así, que se había olvidado de cuidar de las suyas. Reyna alcanzó un pañuelo para limpiarse los ojos y la nariz y agradeció a Sylvia por su comprensión.

Sylvia intuía que además de todos sus problemas y de la decepción de no haber conseguido el puesto nuevo en el trabajo había algo más que parecía tenerla seriamente muy mal y atentamente se ofreció a cubrirla por si acaso quería retirarse. Reyna le sonrió y le agradeció el gesto diciendo.

—No Sylvia gracias, además las cosas en casa no están del todo bien, creo que estaré mejor aquí en el trabajo.

Y luego con una gran naturalidad comenzaron a conversar. En ese corto tiempo que estuvieron juntas Sylvia compartió algunas cosas que sucedían en su vida y en la de sus dos hijas adolescentes, la manera en que ella se refería a los novios de ellas hacía sonreír a Reyna y pronto las dos reían al hablar de los retos de los adultos frente los jóvenes. Parecía que con la plática Reyna se sentía mucho mejor y Sylvia aprovecho para invitarla a almorzar, ordenó pizza de un local cercano y llamó a unas cuantas mas de sus compañeras a reunirse con ellas en el comedor de la oficina.

El almuerzo fue muy agradable y por un rato Reyna logró despejar un poco su mente, platicar con las compañeras le devolvió algo de vida a su semblante pero más que nada le hizo sentir que contaba con amigas a las que podría llamar cuando necesitara alguien con quien hablar, aunque conocía a las chicas de la oficina nunca se había tomado el tiempo de saber de ellas más a fondo.

Por lo menos algo bueno pasó y ese día pudo sentirse un poco mejor consigo misma. Al salir del trabajo se fue directo a casa y aún con todo lo que había pasado estaba entusiasmada por ver a Lexus. A llegar vio que la enfermera seguía ahí y antes de que entrara a la habitación le dijo que nuevamente Lexus había tenido un día extremadamente difícil, había dado muchos problemas, se rehusó a comer, no pudo hacerlo tomar sus medicinas y se vio forzada a inyectarle un fuerte sedante, le dijo también que de continuar con esa actitud se vería forzada a reingresarlo al centro médico para ser atendido en un sitio de cuidado especial. Reyna se quedó parada en la puerta y vio a Lexus que dormía profundamente.

—¿Cómo a qué horas se despertará?—preguntó a la enfermera

La mujer le dijo que el calmante lo haría dormir por el resto de la noche, Reyna la encaminó hacia la puerta y le agradeció. Después comenzó a prepararse algo de comer y se sentó a ver televisión, lo cual era algo que no había hecho desde hacía mucho tiempo. Al terminar su cena se sentó en el sofá relajadamente y sin darse cuenta se quedó profundamente dormida hasta que el sonido del teléfono la despertó pero ni siquiera se levantó a contestar la llamada, solo miró el reloj de su teléfono celular y se dio cuenta que había dormido unas cuantas horas.

Esa siesta le había caído muy bien, después de un rato se levantó para poner los platos en el fregadero y estaba lista para a ir al baño a darse una ducha cuando el teléfono comenzó a sonar de nuevo. Era Sylvia la que llamaba para saludarla y saber cómo estaba. Hablaron por un rato y Sylvia le comentó acerca de toda clase de eventos que estaban por venir y lo agradable que sería platicar y salir más a menudo con ella. Charlaron sobre muchas cosas y antes de que terminara la conversación Sylvia la invitó a tomar café al día siguiente por la mañana antes de ir a la oficina en la cafetería que estaba justo en la calle donde trabajaban y ella gustosa aceptó. Después de un rato terminaron la conversación y Reyna se dispuso a tomar un baño antes de dormir y se sentía contenta de contar con su nueva amiga.

Al otro día despertó muy fresca, era la primera noche que había logrado conciliar un sueño profundo desde hacía mucho tiempo, sentía que estaba intentando a tener más control de sus emociones y tal vez eso le permitiría pensar con más claridad respecto a todo por lo que estaba atravesando. Fue hacia donde estaba Lexus y le echó un vistazo, el aún seguía dormido, la enfermera llegaría pronto así que comenzó a arreglarse y prepararse para ir a encontrarse con Sylvia en la cafetería.

Mientras conducía hacia el lugar pensaba acerca de sus circunstancias y solo atinó a decir en voz alta.

—¡Mi vida apesta!

Bien sabía que necesitaba hacer algo pronto para cambiar eso. Y mientras todos esos pensamientos recorrían su cabeza, había algo en particular que atrapaba su atención, tenía perfectamente claro que de hecho el accidente no había sido su culpa. Toda la responsabilidad era sólo de Lexus, lo que le pasó se lo hizo a sí mismo por algo que simplemente pudo prevenir. ¡No tenía que haber manejado después de beber con sus amigos!

—¿Y por qué debo ser yo la que pague por sus errores?—Se preguntaba.

Con esas reflexiones meditaba y reconocía que desde el accidente su vida no había tenido sentido ni dirección. Por un lado no se vislumbraba el fin con las cuentas médicas y por el otro, se encontraba a diario sola cuidando de un inválido, no tenía vida social, estaba sufriendo el mismo cautiverio que su esposo y sabía que no podía continuar así. Sus pensamientos terminaron cuando iba llegando a la cafetería y vio a Sylvia parada afuera que ya la esperaba, la saludó y se sorprendió al ver que otras de sus compañeras de trabajo estaban ahí también.

Entraron a la cafetería y se sentaron todas juntas, las chicas conversaban y reían. Reyna las escuchaba hablar acerca de los planes que tenían para el fin de semana, el viernes sería el cumpleaños número treinta de Rose y ella las estaba invitando a que lo celebraran todas juntas. Reyna río cuando escuchó a las demás bromeando acerca de la edad de la próxima festejada. Rose y Jennifer eran las mayores del grupo y siempre eran el blanco de las bromas acerca de la edad. Sylvia y Reyna eran mas o menos de la misma edad y Kelley era la mas joven de todas. Y fue precisamente ésta última quien sugirió que para festejar sería agradable que fueran a bailar al club donde ella daba lecciones gratuitas, podían ir el jueves antes de que se abriera al público, muy emocionada les dijo.

—Es un club de baile estilo latino, la mayoría de la gente solo va a pasar un rato de esparcimiento bailando. No es como otros clubes, ahí pueden sentirse libres y tranquilas porque no van a ser molestadas por esa clase de tipos que solo van a mirar para pescar mujeres.

Al parecer eso sonó muy interesante para las demás. Sylvia comentó que ella solía bailar salsa y sentía que era un ritmo fascinante y sensual. Luego, casi al mismo tiempo todas voltearon y pusieron su atención hacia Reyna y le preguntaron si le gustaría ir con ellas. La idea de ir a bailar a un club no era exactamente lo que ella quería hacer pero después de escuchar a las otras hablar con tanta emoción aceptó la invitación porque también quería ser parte de la celebración del cumpleaños.

Jennifer les dijo que ella nunca había tenido tiempo de aprender a bailar y pensaba que ese sería un buen pretexto para darse la oportunidad al momento que se dirigía a Reyna diciéndole que lo iban a disfrutar. Todas estuvieron de acuerdo y les agradó la idea, seguían parloteando y hablando de la celebración, Kelley les decía donde sería el lugar de reunión cuando Jennifer las sacó de su algarabía recordándoles que se estaba haciendo tarde y tenían que irse a trabajar.

Reyna sin saber por qué empezaba a sentirse un poco incómoda, Sylvia la rodeó con sus brazos y cuando se levantaron para irse le dijo con mucha sinceridad que sería muy agradable si en verdad pudiera acompañarlas a la reunión. Un poco vacilante pero muy contenta le dijo que si iría con ellas. Antes de salir de la cafetería Kelley les dijo que más tarde les daría la dirección y la hora para reunirse el jueves en la tarde.

Ese día en el trabajo Reyna se quedó pensando sobre lo del club la noche del jueves, no estaba todavía muy segura de que fuese una buena idea el salir con las chicas y dejar a Lexus solo en casa. Se sentía insegura ya que seguía dominada por la obligación moral que tenía hacia él pero por otro lado el alboroto de las chicas que se veían tan emocionadas por el evento, además del hecho de que la habían tomado en cuenta invitándola con ellas hizo que se sintiera halagada y querida. Se dijo a si misma que iba a darse la oportunidad de ir con ellas y ese sería el primer paso para recomenzar de nuevo. No iba a permitir que Lexus la sobajara y se llevara lo poco que le quedaba de alegría por la vida. La agitación que las demás habían creado en la oficina por saber que las acompañaría solo confirmaba que estaba haciendo lo correcto para ella misma.

—¡Necesito hacer esto por mí y para mí!—Reyna clamó con convicción.

Ese día después del trabajo Reyna se fue a casa, evidentemente no deseaba lidiar con Lexus y su afán de causarle dolor. Cuando llegó tenía la esperanza de que él estuviese dormido y trató de no hacer mucho ruido pero tan pronto caminó por el pasillo su esposo la oyó y comenzó a levantar la voz reclamando una y otra vez lo mal que había sido el día con la enfermera. Reyna se acercó para saludarle y calmadamente le pidió que bajara la voz.

Él contestó irascible recriminándole como un latigazo que se da con fuerza, le dijo que ella ya no podía indicarle lo que tenía que hacer o no y que iba a ser al contrario, pues de ahora en adelante sería el quien decidiría lo que ella debería hacer. Le dijo que podía ir a trabajar por las tardes pero le exigía que regresara a las nueve, además, que cada que revisara sus mensajes de voz del teléfono celular lo tendría que hacer frente a él y en volumen alto para que pudiera escucharlos.

Reyna le preguntó por qué quería que hiciera eso y él vuelto una furia le lanzó una horrible mirada pero antes de que dijera algo ella lo encaró diciéndole que no estaba dispuesta a admitir esa clase de abuso verbal de su parte nunca más y salió de la habitación golpeando la puerta tras de sí. Se fue a la sala y se sentó en el sofá asegurándose a sí misma que no tenía por qué consentir esos desplantes, se quedó ahí pensando sobre las opciones que había para poder ayudar a Lexus que estaba fuera de control y ella no podía estar junto a él en tanto siguiese actuando de esa manera.

Estaba sumida en sus pensamientos cuando el teléfono comenzó a sonar, se apresuró a contestar y se sintió muy feliz cuando escuchó la voz Sylvia del otro lado, quien por cierto, inmediatamente captó que Reyna estaba molesta y aunque trató de decirle que solo estaba cansada, Sylvia no lo creyó. Hablaron por un largo rato y al terminar la llamada Reyna le agradeció mucho por su apoyo. Sylvia no estaba totalmente convencida de que Reyna estuviese bien y pensando en la manera de mantenerla alejada de sus preocupaciones rápidamente planeó algo.

Unos días antes Jennifer le había pedido que la recogiera para ir al trabajo porque su auto estaba averiado, pensó entonces en su plan, llamaría a Jennifer y le diría que le pidiera a Reyna el favor de llevarla al trabajo.

Reyna estaba terminando de tomar una ducha luego fue por unas cuantas cosas que necesitaba de su habitación, Lexus seguía causando problemas y ella no quería escuchar nada de lo que decía así que jaló unas cobijas de la cama, se las llevó a la sala y ahí se tiró en el sofá preparándose para acostarse, a los pocos minutos el teléfono sonó. Se sorprendió al oír que Jennifer era quien llamaba, después de saludarla le preguntó si podría recogerla por la mañana para llevarla al trabajo, le explicó que su auto estaba en reparación y no lo tendría sino hasta la siguiente semana.

Reyna sin dudarlo le dijo que con gusto pasaría a recogerla temprano al día siguiente. Jennifer le dio la dirección de su casa y estaba contenta de saber que no tendría que desviarse de su camino para recogerla. Luego se quedaron conversando por un rato, hablaban de una cosa y de otra, Jennifer le comentó que estaba llevando a cabo un programa de limpieza interna del cuerpo que la hacía sentir energizada, parecía que Reyna se había interesado en saber del tema y Jennifer le dijo que le daría más información en la mañana, luego inevitablemente comenzaron a hablar sobre el baile y Jennifer le preguntó si ya había decidido lo que se iba a poner para el evento del jueves en la noche en el club. Reyna le dijo que probablemente usaría unos pantalones vaqueros y una blusa de tirantes, Jennifer dijo que estaba pensando en vestir de la misma manera. Tuvieron una plática muy relajante las dos pero se hacía tarde y hubo que terminarla para ir a dormir.

Hablar con Jennifer hizo que Reyna se diera cuenta de cuánta falta le hacía conversar con amigas. Se tiró en el sofá y siguió pensando sobre las cosas que Jennifer le dijo y de repente se encontró a sí misma sonriendo y con esos pensamientos tan agradables en su mente fue capaz de conciliar el sueño sin ningún problema.

La noche pasó rápido y Reyna despertó con el sonido de la alarma que había ajustado en el teléfono pues no deseaba despertar a Lexus. Se levantó, se vistió y se fue sin siquiera pasar a ver como estaba él. Cuando llegó a casa de Jennifer ella ya la estaba esperando, la saludó y le agradeció de nuevo por el favor de recogerla.

—¡Hey! Si tu auto va a estar en el taller por el resto de la semana, yo podría recogerte todos los días para llevarte a la oficina y regresarte a tu casa.—Reyna le dijo.

Jennifer aceptó gustosa la oferta y ya que toda la semana le haría el favor de llevarla y traerla le pidió que al menos le aceptara la invitación a tomarse el cafecito de camino al trabajo.

Cuando se dirigían hacia la cafetería Jennifer preguntó a Reyna cómo estaba su marido, ella solamente respondió diciendo que él no estaba muy bien del todo. La manera en que contestó llamó la atención de Jennifer intuyendo que no quería hablar del tema así que ágilmente cambió la conversación diciéndole algo sobre ese programa de limpieza interna del cuerpo, buscó entre su bolsa y sacó de ahí literatura y folletos acerca de eso y le dijo que se los dejaría para que los pudiese leer cuando tuviera tiempo.

Reyna entró al estacionamiento de la cafetería y vio que las otras chicas estaban ahí esperando, algo le pareció un poco sospechoso cuando Rose le dijo que las estaban esperando, Sylvia inmediatamente la interrumpió cambiando la plática y preguntó a Reyna si no había tenido ningún problema en encontrar la casa de Jennifer.

—No, no tuve ningún problema.—Reyna dijo.

Ni Jennifer ni Reyna tenían idea de que todo había sido planeado por Sylvia quien pensaba apoyarse en las chicas de la oficina para animar a Reyna y mantenerla en contacto con ellas. Sylvia sabía que Jennifer era una parlanchina y eso ayudaría a Reyna a quitarse un poco de la mente los problemas que tenía en casa.

Todo comenzaba a estar mas claro, por la manera en que las cosas se habían presentado no era posible que hubiese pasado así de simple. Al tomar su café de la charola notó que Sylvia le sonreía y entonces sus sospechas fueron confirmadas. Recordó que tanto Sylvia como Jennifer la habían llamado la misma noche, Kelley se echó a reír pues habían atrapado a Sylvia en su pequeño secreto. Reyna pensaba que Sylvia había usado a Jennifer para llevar a cabo su plan y seguro que Jennifer era su cómplice pero cuando Jennifer preguntó qué estaba ocurriendo se dio cuenta que ella tampoco sabía nada. Luego tomó un trago de su café, lo puso abajo y le dio un gran abrazo a Sylvia agradeciéndole por todo. Rose se levantó y dijo que odiaba romper esa pequeña reunión pero necesitaban irse si no querían llegar tarde, rápidamente todas se apresuraron para dirigirse al trabajo. Una vez que llegaron a la puerta principal Reyna detuvo a Sylvia y le agradeció de nuevo, para entonces ya estaba segura que estaba siendo el principio de algo nuevo en su vida, ahora contaba con sus amigas y al parecer eso era justamente lo que necesitaba.

Más tarde Kelley vio por ahí a Reyna y la detuvo para preguntarle si seguía en pie con el plan de ir con ellas al club para celebrar el cumpleaños de Rose. Jennifer que estaba cerca escuchó la conversación y se dirigió hacia ellas para averiguar lo que Kelley estaba ideando. Sylvia las vio hablando juntas y se les unió, todas acordaron en reunir dinero y comprar un obsequio para Rose.

Jennifer se ofreció para ir de compras y Reyna decidió acompañarla ya que ella y Rose eran aproximadamente la misma talla y tal vez así sería más fácil conseguirle algo. La junta del pasillo se disolvió cuando Rose apareció dando la vuelta en la esquina queriendo averiguar de qué hablaban. Todas se dirigieron hacia sus escritorios sin decirle una sola palabra y ella se quedó ahí sola parada mirándolas con cara de interrogación.

Ese había sido otro día muy bueno para Reyna, poco a poco se estaba sintiendo mucho mejor consigo misma y el pensar que tenía que irse a casa y ver a Lexus ya no la incomodaba tanto. Ya había llorado muchísimo por ese hombre a quien amaba con todo su corazón pero estaba realmente cansada del abuso verbal y había decidido hablar con la enfermera sobre eso.

Al final del día Reyna y Jennifer partieron de la oficina juntas hablando del regalo que irían a buscar para el cumpleaños Rose. Reyna sugirió ir a una tienda de departamentos. Después de una rápida sesión de compras Reyna dejó a Jennifer en su casa y le dijo que le recogería a las ocho de la noche para ir a la celebración de Rose. Estaba tan emocionada de que estaría con sus amigas mas tarde que durante el camino casa solo pensaba en la ropa que vestiría.

Sin embargo muy dentro de su mente no dejaba de pensar que cuando llegara a casa posiblemente tendría un altercado con Lexus. Estaba estacionándose y se preocupó al ver que el auto de la enfermera seguía ahí. Rápidamente entró a la casa y confirmó que efectivamente la asistente no se había marchado aun y justo acababa de darle un sedante a Lexus para hacerlo dormir, la enfermera le dijo que nuevamente le había costado mucho trabajo hacerlo tomar a sus medicinas de forma regular y que tuvo que aplicarle el calmante porque había estado incontrolable.

Muy desconcertada le dijo que él había estado ofendiéndola y exigiéndole que lo dejara solo, tuvo que aplicarle el sedante y esperar que éste hiciera efecto y lograra calmarse. Luego en tono serio y siendo muy clara con Reyna le dijo que no había habido ningún progreso con Lexus y de seguir así podría referirlo de regreso al centro médico en donde tendría mejores cuidados, luego le pidió que la siguiera fuera de la habitación para que pudieran hablar acerca de las opciones que tenía para con él. Reyna entonces sintió que era tiempo de decirle lo que había estado pasado en las semanas pasadas.

—Lo que sucede es que él no quiere vivir así y me culpa por no haberlo dejado morir. De hecho me ha gritado, me ha ofendido y me ha acusado de haber estado con otros hombres,—le dijo a la enfermera.

Hablaron por un largo rato y después le dijo que pensaba salir esa noche con sus amigas pero que suspendería todo por lo ocurrido con Lexus, la enfermera tranquilizándola le dijo que no cancelara y que se podía ir sin preocupación pues el medicamento lo mantendría dormido hasta la mañana siguiente. Reyna se quedó mas tranquila, luego ya mas relajada comenzó a arreglarse para ir a la fiesta en el club de baile.

A las ocho de la noche en punto Reyna recogió Jennifer y se encaminaron hacia "La Rumba Dance Club". Llegaron justo a tiempo para encontrarse con las demás. Sylvia se veía muy contenta de verlas a todas, luego volteó hacia Reyna, le dio un cumplido por lo bien que lucía y recibió un piropo de regresó. En seguida las chicas entraron al lugar y pronto encontraron una mesa cerca de la pista, ya se podía escuchar la música y unas cuantas parejas se pararon a bailar.

Las lecciones no comenzarían sino hasta las nueve así que las chicas tendrían tiempo de tomar algo para celebrar. Sylvia se dirigió al bar por los tragos y pidió margaritas para todas. Tan pronto como las bebidas fueron colocadas en la mesa Sylvia comenzó cantar "Feliz Cumpleaños" para Rose y el resto de ellas se le unió al coro. Todas brindaron por la festejada y le desearon lo mejor en su día especial. Rose estaba algo ruborizada ocultado su cara con las manos y todas reían mientras la fiesta comenzaba.

La música amenizaba bien el lugar y los hombres s acercaban a buscar a las chicas para bailar, la primera en ser invitada fue Kelley que aceptó gustosa mientras las demás miraban como se dirigía hacia la pista haciendo señas a Rose para que se uniera al baile, se rehusó pero las demás se juntaron y la jalaron hacia la pista. El ritmo cambió y las luces se comenzaron a difuminar, Kelley invitó a las demás para bailar con Rose. Sylvia fue la primera y rápidamente las otras la siguieron. Estaban divirtiéndose mucho bailando y algo les atrajo la atención, los movimientos y la manera de bailar de Reyna no pasó desapercibida para ellas, mientras Kelley la animaba Silvia le gritaba.

—¡Muy bien! ¡Hey!, ¡es estupenda tu manera de bailar!

Después de un rato la música paró, las luces se encendieron de nuevo y la instructora de baile apareció en la pista invitando a todos a una lección de "salsa". La maestra se colocó en medio del salón y pidió a los hombres ubicarse en un lado de la pista y las mujeres en el otro lado para que de esa manera todos pudieran verse de frente. Después les enseñó algunos de los pasos básicos que luego tendrían practicar con música. En seguida se hizo a un lado para bailar con un compañero y mostrar a los demás como hacerlo mientras solicitaba a los hombres localizar a una dama para que todos pudieran practicar al ritmo de la música.

Como había más mujeres dijo a quienes no consiguieran pareja que se colocaran detrás de ella y así se alternarían para que todos tuvieran oportunidad de bailar. La música empezó y todos seguían el compás, de pronto la instructora notó lo bien que Reyna se movía al ritmo de la salsa e indicó a los demás que vieran como bailaba con su pareja. Al terminar la música, la instructora dijo unas cuantas palabras y agradeció a Reyna por haberla usado como apoyo.

Luego la música comenzó de nuevo, Jennifer estaba teniendo problemas con el baile y Reyna se ofreció para ayudarle, en un poco rato fue capaz de realizar los pasos elementales y como se sintió muy cómoda comenzó a adentrarse en los movimientos para que le enseñara más.

Cuando las lecciones terminaron todas regresaron a la mesa, una vez que estuvieron sentadas Sylvia propuso un brindis en honor de la chica del cumpleaños y riendo les dijo en cuanto tuviera unos cuantos tragos más sería capaz de bailar el resto de la noche. También propuso un brindis por Reyna agradeciéndole por estar con ellas y haber traído a su "madre" en su auto, todas siguieron la broma sabiendo que lo decía porque Jennifer era la mayor del grupo y rompieron en una fuerte carcajada. Las bebidas estaban empezando a sacar lo mejor de ellas, tanto así que hacían broma tras broma sobre cualquier simple cosa de las que pasaban en la oficina.

Mas tarde el amigo de Kelly volvió a solicitarle una pieza de baile y pronto otros dos caballeros se acercaron a ver si alguna le gustaría bailar. Reyna jaló a Jennifer frente ella y le dijo que bailara con el hombre entonces el otro le pidió la pieza a ella pero lo rechazó haciendo que el caballero se sintiera mal y se quedó ahí sentada mirando a los demás bailar. Otros dos hombres hicieron su intento al pedirle la pieza pero volvió a rechazar.

La música terminó e inmediatamente otra melodía comenzó, Sylvia regresaba a la mesa justo cuando otro caballero se le acercó a solicitarle bailar pero en vez de aceptar le dijo que mejor se lo pidiera a Reyna sin embargo ella nuevamente se negó. Sylvia estaba muy sorprendida de ver que se rehusaba y se veía algo tímida con cualquier chico que la invitaba a bailar, se sintió apenada, tomó de la mano al hombre y lo condujo hacia la pista para bailar con él dejando a Reyna ahí sentada sola.

Mientras Sylvia bailaba observaba como cada vez que los hombres se acercaban a solicitar una pieza a Reyna ella seguía rechazándolos. Kelley se movió para acercarse a Sylvia y preguntarle por qué Reyna no estaba bailando, Rose se acercó también a la plática y les dijo que se sentía apenada de ver que ella parecía no estarse divirtiendo.

Luego que termino la música y las chicas regresaron a la mesa Reyna elogió a Jennifer por lo bien que había bailado y las demás aplaudieron y dijeron.

—¡Gracias mamá!—al tiempo que soltaban una estruendosa carcajada continuando con la broma previa por la edad.

Algo acalorada Jennifer preguntó si alguna quería salir a tomar aire con ella dirigiéndose directamente a Sylvia al guiñarle un ojo expresando con eso que tenía algo que decirle, Sylvia notó el gesto y la intención y pidió a Reyna las acompañara pensando que posiblemente eso era justo lo que necesitaba para animarse un poco.

Mientras estaban afuera Jennifer agradeció a Reyna de nuevo por ayudarle con los pasos de salsa, ella solo sonrió y la elogió diciéndole que había aprendido muy rápido y bien lo demostró en la pista de baile, Jennifer aprovechó para decirle que ella debería haber estado bailando también, le dijo que verla bailar en las lecciones le motivó tanto que hasta pudo disfrutar como nunca lo había hecho antes. Sylvia dijo que pensaba lo mismo que Jennifer y las invitó a regresar para seguir gozando del festejo de Rose.

—¡Vamos, sigamos celebrando el cumpleaños y hagamos de esta noche la mejor para todas!—dijo Jennifer a Reyna mientras la tomaba de la mano para regresar al salón.

Volvían a su mesa justo en el momento que Rose y Kelley venían de la pista de baile. Luego todas tomaron sus tragos y brindaron para que la fiesta continuara mientras música seguía sonando, tocaban una canción que Reyna reconoció y comenzó a soltarse un poco moviéndose al ritmo de la melodía dejándoles saber a todas que también iba a divertirse. En eso estaba cuando de repente sus ojos se enfocaron cerca del bar, le llamó la atención un hombre que movía su cabeza y sus caderas al ritmo de la salsa y ejecutaba muy bien sus pasos, izquierda, derecha, izquierda, derecha ... sus ojos no dejaban de verlo hasta que fue sacada de su embeleso cuando dos caballeros se acercaron y pidieron a Jennifer y a Silvia bailar, luego volvió a dirigir su vista a la misma dirección pero el hombre ya no estaba ahí, pensó que tal vez habría sacado a bailar a alguna de las mujeres así que puso su atención en Jennifer.

Momentos después sintió que alguien la tocaba por el hombro, al voltear se sorprendió pues era nada más y nada menos que el mismo hombre a quien había estado observando cerca del bar, él la miró fijamente y sin más le preguntó.

—¿Bailamos?

La manera en que el hombre se lo pidió la hizo sonreír y no pudo negarse cuando lo vio ofreciendo su mano para conducirla hacia la pista. Jennifer miró que Reyna salía a bailar y rápidamente se lo dijo a Sylvia.

Reyna y el hombre estaban en la pista frente a frente, ella lo miraba directo a los ojos esperando a que el diera el primer paso, recordó las lecciones de salsa que había aprendido cuando era estudiante y las tenía aun en su memoria ...

"el hombre siempre tiene que liderar para que la mujer lo siga, incluso hay que esperar hasta que él induzca los movimientos del ritmo de la música".

Ella mantuvo sus ojos sobre él dejándole saber estaba lista para iniciar cuando le diera la señal. Sin tener que decir palabra alguna él se dio cuenta que ella sabía seguir el paso a su pareja y esto le inspiró para estilizar cada movimiento. Ella se soltaba cada vez más y más al ritmo que él marcaba. Cuando el compás parecía ser más fuerte él la atrapaba y luego la soltaba con destreza a través de la pista.

El hombre estaba muy impresionado de ver como Reyna nunca apartó la mirada de la suya y respondía a todos los movimientos sin necesidad de decirle nada. Jennifer y Sylvia tampoco perdían de vista la escena echando de ver el garbo que ella lucía al bailar, Rose dejó escapar un fuerte silbido y un grito para animarla mientras Kelley aplaudía muy fuerte provocando que se dibujara una enorme sonrisa la cara de Reyna.

La música terminó y su compañero de baile la jaló acercándola hacia sí. Ella no dejaba de hacer contacto visual con él, luego, con una suave pausa se separó de sus brazos y cortésmente le agradeció por el baile. El hombre elogió lo buena bailarina que era y ella le agradeció de nuevo, se iba alejando lentamente cuando justo en ese momento comenzaba a sonar otro estilo de música. Al oír el compás del "chachachá" el caballero la detuvo y le pidió bailar de nuevo, ella aceptó inmediatamente pues tocaban una de sus melodías favoritas. Y una vez más ella esperó a que su compañero condujera el baile.

Mientras tanto las chicas llegaban a la mesa y desde ahí todas se quedaron mirando a Reyna y a su compañero mientras bailaban sin dejar de notar como la pareja atraía la atención de muchos de los asistentes al club. Sylvia y Jennifer chocaron sus manos satisfechas por lo que sucedía tomando el crédito de haber sido ellas las responsables de conseguir que Reyna bailara esa noche. Esperaron hasta que la canción terminara y cuando regresó a la mesa todas la felicitaron, ella tenía en su rostro ese semblante de cansancio y a la vez satisfacción que únicamente se consigue cuando las endorfinas están en lo óptimo. Sylvia ofreció a Reyna otra margarita para mitigar la sed y brindar con ellas.

Llegó el momento de dar el regalo de cumpleaños. Jennifer colocó el paquete sobre la mesa y todas esperaron a que lo abriera. Al verlo Rose rompió en llanto de felicidad y les agradeció mucho pues le habían dado justamente lo que quería. Y la fiesta para las chicas continuaba.

Esa noche el club estaba atiborrado, la pista por ende estaba totalmente llena. Jennifer se quejaba de que sus pies le lastimaban por los zapatos que estaba usando pero eso no la detuvo para seguir bailando, no se había divertido tanto en muchos años y no quería desaprovechar la fiesta. Kelley regresó de la pista de baile y pidió algo frío para beber, se sentó junto a Reyna y le preguntó si sabía el nombre del caballero con el que había bailado, ella le dijo que no, en ese momento Rose le tocaba el hombro para llamar su atención indicándole echar un vistazo hacia cierto lugar del salón.

—¡Mira!, el hombre con el que bailaste nos está mirando . . . o mas bien debería decir, ¡está mirándote a ti! y no te ha perdido de vista desde que bailaste con él. ¿Sabes?, me preguntó tu nombre y le dije que viniera y te lo preguntara a ti, pero justo te acababas de ir a bailar con otro señor así que cuando me volvió a preguntar se lo dije.—indicó Rose

Reyna la miró y sólo comentó.

—¡El baila muy bien!

Pasaban las horas y entre tanta diversión se les fue el tiempo, dieron las once y media de la noche, Sylvia consideró que se hacía tarde y debían retirarse, les recordó que tenían que trabajar al día siguiente pero antes de permitir que se fueran responsablemente verificó que todas estuvieran aptas para manejar con seguridad a sus casas lo que trajo muy malos recuerdos a Reyna por lo sucedido con Lexus. Pensaba en lo fácil que fue para él olvidarse de todo cuando estuvo bebiendo con sus amigos y a la vez en lo desafortunado de no haber tenido en ese momento a nadie que fuera tan responsable como lo era Sylvia, qué diferente habría sido todo en su vida si tan solo alguien le hubiese advertido que ya había bebido demasiado y prevenirlo de manejar en ese estado a casa . . . Jennifer interrumpió sus pensamientos preguntando si estaba bien, ella solo contestó con otra pregunta.

—¿Estas lista?, porque yo ya estoy.—Jennifer asintió con la cabeza, se despidieron del resto de las chicas y se encaminaron hacia la puerta.

Llegaron a la casa de Jennifer y antes de que ésta se bajara del auto le preguntó si se había divertido.

—¡Ha sido una noche maravillosa!, ¡no había tenido nada más divertido desde hacía tanto tiempo!,—Reyna respondió.

Y no había duda de eso, Jennifer lo sabía y estuvo de acuerdo en que había sido una linda velada para todas, le dio las gracias por llevarla a su casa y se despidió diciéndole que la vería por la mañana, luego salió del auto y moviendo la mano le dijo adiós.

Reyna manejó hasta su casa y tan pronto llegó fue a verificar que Lexus se encontrara bien. El seguía durmiendo por el efecto de las medicinas así que se dirigió a su cama y se dispuso a ir a dormir. A la mañana siguiente su alarma sonó despertándola. Le pareció que el tiempo había pasado muy rápido, realmente no quería ni levantarse a consecuencia de la noche anterior, no había bailando desde sus días en la universidad y sentía que los músculos de las piernas se estiraban y encogían cuando sus pies golpean el piso con cada paso.

Al salir de bañarse escuchó el teléfono y se apresuró a contestar. Era Jennifer que la llamaba para decirle que no pasara a recogerla esa mañana pues su auto ya estaba listo pero de todos modos la invitó para verse en la cafetería. Reyna se apresuró y antes de partir echó una mirada a Lexus, tal como la enfermera se lo dijo el aún seguía dormido así que podría irse sin problemas.

Cuando llegó a la cafetería el grupo de chicas ya estaba ahí, Kelley era la única que se veía bien para iniciar el trabajo mientras que las demás se quejaban por algo, Jennifer lloriqueaba por sus pies, Sylvia por su cabeza, Rose por su espalda y uniéndoseles a las quejas Reyna comentó que los músculos de sus piernas le dolían muchísimo, sin embargo todas estaban de acuerdo en que habían pasado uno de los mejores momentos.

Y a partir de entonces "La Rumba" se convirtió para las chicas en la salida regular de los jueves por la noche, incluso Reyna se hizo asidua al club desde la noche en que se dedicó a bailar y dejar atrás todo el estrés que cargaba dentro. Parecía que eso le estaba ayudando mucho porque ya no se veía tan molesta como anteriormente estaba, de hecho todos notaron un cambio en ella, en su manera de vestir y hasta en el nuevo peinado que lucía.

De todas las chicas con la que más congenió fue con Kelley quien se convirtió en una muy buena amiga para ella y poco a poco le fue presentando muchos de sus amigos del club.

Pasaba el tiempo y todo parecía estar igual, Reyna continuaba trabajando en la oficina durante el día y por la tarde en su trabajo de medio tiempo en el restaurante, en donde por cierto había logrado entablar una relación muy cordial con su jefe que incluso en las ocasiones que las cosas iban lentas le permitía tomarse la noche libre.

Una de ésas noches ella aceptó la oferta de irse mas temprano a casa, tenía mucho que hacer y cuando llegó enseguida comenzó a poner todo en orden, aspiraba los pisos tarareando una canción y sin notarlo comenzó bailar mientras sostenía la aspiradora, Lexus la miraba y parecía estar muy contento de verla tan divertida mientras limpiaba. Cuando ella se acercó a su silla él le dijo que sabía el nombre de la canción, Reyna estaba muy sorprendida de ver la gran sonrisa en la cara de Lexus y más aún cuando comenzó a cantar junto con ella. Hacía tanto tiempo que no lo había visto con ese ánimo que se puso muy contenta y continuó cantando mientras iba limpiando de habitación en habitación.

Y aunque por ratos recordaba los berrinches de Lexus pensaba que era como un niño berrinchudo, esta vez para traerle una sonrisa y cambiar su estado de ánimo lo único que necesitó fue comenzar a cantar y bailar frente a él. Tal parecía que ese simple detalle había funcionado muy bien pues a partir de entonces su relación fue yendo mejor cada día hasta el punto que Lexus podía controlar mas sus explosiones emocionales y poco a poco ella sentía que su vida estaba tomando un mejor balance.

Reyna continuó asistiendo al club los jueves por la noche ya que bailar, además de relajarla le daba una gran satisfacción. Cada semana las chicas se veían en el lugar con sus compañeros de baile y ella ya hasta tenía sus preferidos a quienes muy claro dejó saber que no iba ahí para llamar la atención de nadie sino para disfrutar del baile. Había uno de ellos en particular que era su favorito y con el que gozaba enormemente bailar, él era el mismo caballero con quien había bailado la primera vez que estuvo en el club celebrando con sus amigas, ella solo sabía que era conocido como JD y de hecho eso era lo único que necesitaba saber.

Reyna procuraba conservar siempre la misma línea de comportamiento para mantener a los hombres alejados de pretender extralimitarse o asediarla, usualmente llegaba al club a la misma hora y se retiraba también a la misma hora sin despedirse de nadie más que de su amiga. Además desde el principio fue muy clara en darles a entender que estaba ahí solamente para bailar y nada más. No obstante sabía que al estar en la pista la tentativa de conversación era una atracción para los hombres por eso no solía bailar consecutivamente con el mismo a menos que éste fuera amigo muy cercano de Kelley y aun así, siempre establecía límites.

Muchas veces Kelley trató de persuadirla para que se quedara en el club después de las once de la noche pero nunca aceptó, tenía muy firmes sus convicciones y sus responsabilidades. Aunque con el tiempo Reyna se convertiría en un ícono regular del club de baile los jueves por la noche. Muchos de los hombres que acudían al lugar esperaban solo para bailar con ella y algunos otros lo hacían porque se encontraban realmente atraídos pero era evidente que ella no tenía deseo alguno de verse envuelta con ninguno de los caballeros del club, ni sentimental y por su puesto ni sexualmente, sin embargo algunas veces debido a su carácter amistoso y tratable se halló en situaciones comprometedoras cuando algunos hombres parecían confundir su amabilidad con algo más pero afortunadamente de forma respetuosa sabía siempre dar la pauta para que no se sobrepasaran. De hecho claramente todos podían ver el anillo de bodas que ella portaba ya que jamás trató de esconderlo de nadie no obstante esto no detendría a algunos en sus intentos.

A veces le pedían una pieza de baile y trataban de ser dominantes o intentaban mantenerla en exclusiva sin dejarla bailar con otros, cuando eso sucedía se incomodaba y con los ánimos alterados se detenía a medio de la pieza y tomaba su distancia procurando mantenerse alejada de quien se sobrepasara y bailando únicamente con los ya conocidos.

En ciertas ocasiones que se encontró en situaciones incómodas fue justamente JD quien acudió a su rescate. Ella se sentía muy segura con él, tanto, que pasaba la mayor parte del tiempo teniéndolo como compañero de baile y aparte de sentirse bien a su lado, hacían del baile algo espectacular pues los dos bailaban muy bien juntos, de ese modo mantenía su distancia con los otros y gozaba de una grata sensación y para que no hubiera problema alguno entre ellos JD siempre dio a Reyna el respeto que ella necesitaba para hacer que las noches fueran agradables.

Ninguno de los dos importunaba al otro con preguntas demasiado íntimas acerca de sus vidas privadas. Todo lo que ella sabía de él era su nombre y que le gustaba bailar música latina y todo lo que él sabía sobre ella era igualmente sólo su nombre y que bailaba muy bien. Tampoco entraban en pláticas acerca de sus actividades fuera del club, su amistad se limitaba a ser pareja de baile los jueves por la noche.

JD normalmente esperaba a Reyna para bailar y ella se daba cuenta de eso y de muchas cosas mas, como el hecho de que él solía vestir muy apropiado y sobre todo, de que era un perfecto caballero. Y evidentemente ambos se daban el espacio adecuado que se necesitaba para llevar apropiadamente una amistad. A veces él bailaba con Kelly o con otras de las chicas del club pero siempre reservaba la mejor canción para bailar con ella.

A Reyna le gustaba vestir siempre de manera conservadora pues no deseaba lucir provocativa ni aparecer sugestiva o invitante, de hecho hacía muy pocos cambios en su persona, pero indudablemente lo que cuidaba mucho era su cabellera, la cual había dejado crecer nuevamente y ahora la tenía larga hasta los hombros, lo que por cierto era algo que la mayoría de los caballeros encontraban muy atractivo.

Una de esas noches que estaban en el club Kelley estaba muy emocionada hablando sobre el concurso de baile auspiciado por "La Rumba" y en el que ella y su pareja tratarían de participar, se veía muy entusiasmada mostrándole a Reyna los posters que habían colocado por todos lados promoviendo el evento y la invitaba para que también ella se inscribiera, la animaba diciéndole que los ganadores del primer lugar, aparte del título de vencedores, obtendrían mil dólares cada uno. El dinero le caería fantástico a Reyna y así ella lo creía, sin embargo no estaba muy segura si podría comprometerse.

Pasaron unas cuantas semanas y aunque seguía escuchando más y más acerca del concurso de baile nunca se ocupó ni de pensar seriamente si entraría o no.

Una noche Reyna y JD bailaban juntos cuando uno de los gerentes del club se acercó a ellos para preguntarles si estaban interesados en inscribirse al concurso, él dijo que había estado pensando sobre eso y preguntó a Reyna si le gustaría, ella respondió diciendo que quizá lo pensaría. JD no insinuó nada ni insistió.

Mas tarde el gerente se acercó de nuevo a ellos, esta vez con las solicitudes en la mano les invitaba a firmar la inscripción. JD miró a Reyna y le dijo que por su parte el estaría encantado de tenerla como pareja de baile para el concurso, la miraba con un gesto invitante en sus ojos tratando de que considerara la propuesta, ella respondió solo con un quizá y aunque aún no estaba segura de que aceptaría pensaba dentro de sí en que tal vez no sería tan difícil solo tratar, sabía que había muchas otras chicas en el club que eran muy buenas bailarinas y seguramente él podría haber preguntado a cualquiera de ellas, de hecho muchas ya habían bailado con él en varias ocasiones, sin embargo se lo estaba proponiendo a ella.

Antes que se fuera del club se encontró con JD y le dijo que ya había pensado en lo del concurso de baile y estaba dispuesta a ser su pareja en caso de que el siguiera interesado. El no pudo ocultar su júbilo respondiendo inmediatamente con un gran sí, agradecía por la decisión mientras sus ojos irradiaban tal brillo que Reyna no pudo quitarse esa imagen de los pensamientos por el resto de la semana.

El siguiente jueves se reunieron en el club y empezaron a trabajar en sus pasos, parecía tan sencillo para ambos, el hecho de haber estado bailando juntos por algún tiempo les favorecía mucho, ella ya estaba muy familiarizada con la manera que él la conducía y él la llevaba exactamente como el hombre debe hacerlo en el baile latino para que la mujer destaque esa sensualidad cuando se la sostiene.

JD se enfocaba seriamente en lo que estaba haciendo y procuraba siempre mantener la mirada en los ojos de Reyna, lo que le ponía gracia y un mayor significado a su ejecución, ella por su parte con esos pies tan ligeros agregaba un balanceo especial y con cada uno de sus movimientos hacía que todo luciera de maravilla. No cabía duda que despedían sensualidad bailando. A veces mientras se movían sus cuerpos quedaban realmente cerca, otras tantas al calor del baile él tenía que jalarla y sus labios quedaban a centímetros el uno del otro.

El siguiente jueves se realizaría la primera ronda de la competencia antes de que club abriera sus puertas al público, Reyna y JD fueron escogidos por los jueces para continuar hacia la contienda final. Ella no sabía si podría o le darían permiso en el restaurante para poder tener el tiempo suficiente de practicar para el concurso, él le recordó acerca de los mil dólares de premio que se llevarían en caso de que ganaran y le sugirió que tomaran lecciones privadas para logarlo, estaba seriamente dispuesto a pagarle a un instructor profesional, lo único que ella tendría que hacer era establecer el día y la hora que mejor le acomodaran y él aceptaría lo que ella dispusiera.

Reyna al ver que JD estaba tan comprometido dijo que tenía tiempo disponible únicamente los domingos por la tarde, él aceptó gustoso y fijaron hora y lugar. Fue hasta ese momento que por primera vez él le dio a ella su número telefónico.

—Si tienes algún problema para ajustar tu horario me llamas y yo me acomodo a lo que sea,—le dijo JD

Ella grabó entonces el número telefónico en la lista de contactos de su teléfono celular sabiendo que solo en caso de necesario le llamaría.

Las primeras semanas de práctica les fue muy bien y pronto fueron capaces de lograr muchos movimientos. Trabajaban duro y con paciencia, si ella cometía algún un error él siempre le daba su tiempo y la alentaba para repasar. La cercanía hizo que Reyna conociera un poco mas de él y se diera cuenta que era un hombre muy divertido y dulce pero sobre todo muy cortes con ella. Nunca levantaba la voz o cambiaba de actitud, ella realmente disfrutaba el tiempo que pasaba con él los domingos por las tardes, además se sentía muy relajada pues él nunca trataba de invadir su espacio haciendo cualquier avance indeseado y tampoco trataba de indagar sobre su vida privada, del mismo modo que ella no lo hacía. Reyna supuso que él había notado el anillo de bodas que seguía portando en su dedo, sin embargo JD jamás preguntó nada acerca de eso.

Todo iba de maravilla, la práctica era una catarsis. Muchas veces al calor de algunos de los movimientos que realizaban Reyna encontraba dificultad para mantener su mente totalmente concentrada en lo que hacía, sin darse cuenta la cercanía entre ellos comenzaba a arder muy dentro de su ser con un fuerte sentimiento que le quitaba el aliento.

La siguiente semana Reyna tuvo problemas para ir a la práctica y llamó a JD para avisarle que no podría llegar a tiempo, para él no hubo problema y le dijo que la esperaría más tarde si no había inconveniente, ella aceptó con gusto y acordaron verse después de las siete. Cuando la lección terminó ella le dijo a JD lo mucho que disfrutaba teniéndolo como pareja y le agradeció por ser tan paciente, él le regresó el cumplido expresando de igual manera el goce que le proporcionaba su compañía y le dio una clase de abrazo tal que ella no supo ni cómo ni por qué duró más tiempo del que debería haber sido.

JD era conocedor del género femenino y notó que Reyna no le respondió como a él le hubiera gustado y mas bien trató de apartarse rápidamente, sin embargo algo diferente había sucedido esa noche. Dentro, muy dentro de sí, ella había sentido que el calor del cuerpo de JD invadía sus sentidos y cual joven quinceañera cuando es besada por primera vez su cara se sonrojó, esa fue la verdadera razón por la que inmediatamente se apartó de él, no quería evidenciarse, apresuradamente le dijo que tenía que marcharse y se alejó. Iba manejando hacia su casa y hacía lo posible para no pensar pero le fue muy difícil olvidarse de lo que había sucedido.

El viernes antes del día del gran concurso de baile Reyna salió de la oficina y se encaminó a su casa para cambiarse de ropa pues debía estar en su otro trabajo en a las cinco, aunque andaba de prisa, como siempre, antes de irse revisó a Lexus para cerciorarse que todo estuviera bien y partir tan pronto como pudiese.

Llegó al restaurante y justo iba entrando cuando su jefe le salió al paso pidiéndole que trabajara como anfitriona en la puerta principal esa noche pues una de las chicas llamó reportándose enferma y necesitaban a alguien que la cubriera, Reyna aceptó sin problema pero bien sabía que sería una noche muy atareada porque transmitirían un juego de basquetbol y muchos clientes ya estaban en el local para verlo en la pantalla grande. Y bien lo intuyó pues esa noche el lugar estaba bastante concurrido.

Se encontraba muy ocupada ubicando una pareja hacia sus asientos cuando cinco hombres llegaron y se detuvieron en el recibidor del restaurante a esperar por una mesa, ella regresó apresuradamente al vestíbulo para darles la bienvenida y uno de los hombres preguntó si tenían lugar para los cinco. Las casualidades de la vida, JD estaba entre ese grupo pero al parecer ni él ni Reyna se percataron de eso pues mientras ella hablaba con el hombre que preguntó por la mesa, JD estaba ocupado mirando los previos al evento en la pantalla grande del restaurante. El lugar estaba repleto y ella pidió al caballero esperara unos cuantos minutos mientras que un empleado les acondicionaría un lugar para los cinco.

En cuanto les arreglaron la mesa regresó para hacerle saber al hombre que todo estaba listo y le pidió siguieran al mesero que los conduciría a su lugar, él llamó a JD con voz alta para que se integrara al grupo, Reyna lo escuchó y volteó inmediatamente hacia donde dirigió la voz y entonces sus ojos encontraron a los de JD.

Fue como si el tiempo se detuviera por unos instantes, mientras él caminaba ella permanecía fascinada mirándolo, una gran sonrisa apareció en su rostro y por un momento se quedó sin habla por la sorpresa inesperada, estaba feliz de verlo y sin duda él también lo estaba.

—¡Hola, Reyna que sorpresa verte aquí!— le dijo JD al saludarla.

En ese momento un grupo grande de gente entró requiriendo la atención de ella y no pudieron hablar nada mas, de hecho su amigo lo tuvo que jalar para que ella pudiera ir a recibir a los clientes pero mientras se dirigía a la mesa a reunirse con los demás seguía volteando hasta que la perdió de vista.

Cuando las cosas se calmaron Reyna fue hacia la mesa donde estaba JD para devolverle el saludo y preguntarle si estaba listo para concurso de baile del sábado por la noche, él muy alegre le dijo que si ella lo estaba el también y en seguida la presentó ante sus amigos. Ella notó que todos habían pedido cerveza y bebían pero JD no lo hacía y aunque no dijo nada le produjo una muy buena impresión, especialmente porque ese tema era una parte muy sensible que le traía mucho dolor a su vida.

Con mucha cortesía agradeció a todos por haber vendido al restaurante esa noche y se disculpó por tener que retirarse ya que tenía que seguir trabajando. JD se levantó y se quedó mirándola mientras se alejaba siguiendo con los ojos cada uno de los movimientos que de un lado al otro hacían sus caderas al caminar. Los otros cuatro comenzaron a bromear acerca de la manera en que la miraba diciéndole que se sentará y regresara su mente a la realidad, incluso una pareja madura de la mesa de al lado también escuchó lo que decían y se echaron a reír como sus amigos.

El partido estaba llegando su fin y las cosas en el restaurante se habían calmado, JD decidió ir a la entrada de nuevo y ver si podían hablar un poco más. Mientras conversaban el jefe de ella se acercó y le dijo que podría retirarse cuando quisiera. Reyna se dirigió a JD para decirle que tan pronto marcara su salida volvería, él le dijo que la esperaría para encaminarla hacia su auto, como ella no vio ningún inconveniente aceptó con un movimiento de cabeza.

Ella regresó y caminaron juntos hacia donde estaba estacionado su auto, se veía muy contenta, volteó a verlo para agradecerle y sus ojos se encontraron. El extendió su mano y ella colocó la suya encima esperando a que la condujera para caminar del mismo modo que lo hacía al bailar. Al llegar al auto en un movimiento rápido el levantó la mano de ella, la llevó hacia sus labios y la besó suavemente, Reyna miró su mano y la retrajo hacia si mientras él se iba aproximando más y más, cuando estuvo suficientemente cerca se inclinó y la besó en la mejilla. Ella sintió como un si un choque eléctrico recorriera todo su cuerpo de arriba a abajo desde la espalda hasta los dedos de los pies.

Confundida volteaba para todos lados al mismo tiempo que buscaba las llaves del auto en su bolso, abrió el vehículo y se subió pero antes de cerrar la puerta lo escucho despedirse y decirle que la vería al siguiente día por la noche. Ella cerró la puerta, bajó la ventanilla, echó a andar el auto y con una gran sonrisa dibujada su rostro le dijo.

—¡Seguro que me verás!

JD movió la mano en señal de despedida y volvió al restaurante, ella se quedó sentada ahí por un rato mirándolo cuando caminaba de regreso al restaurante hasta que desapareció de su vista. Reyna no sabía realmente lo que había pasado esa noche pero en su mente revoloteaban miles de pensamientos con diversas emociones que le hacían muy difícil mantener el control, luego se fue y mientras manejaba fuera del estacionamiento trataba de luchar contra ese ardiente deseo de afecto que se apoderaba de su cuerpo cada vez que JD la tocaba.

Iba camino hacia su casa y en la radio se escuchaba la canción "Puente Sobre Aguas Turbulentas", la melodía llamó su atención, comenzó a cantar y se fue así cantando durante todo el trayecto.

Al llegar rápidamente tomó una ducha y se fue a la cama. Se preguntaba una y otra vez si acaso lograría dormir esa noche pero esta vez no era Lexus la causa de su desvelo. Cerró sus ojos y lo único que aparecía en su mente era el recuerdo del rostro de JD acercándose al suyo en el momento que la besaba en la mejilla. Todo su cuerpo comenzó sudar y apretó más los ojos tratando de luchar contra las emociones que crecían dentro de ella.

No podía dormir y se preguntaba qué era lo que le estaba quitando el sueño, bien sabía que sentía algo dentro de ella pero no estaba segura de que se trataba pues ni siquiera cuando conoció Lexus por primera vez tuvo ese abrumador deseo y confusión de emociones que la mantenían despierta en ese momento. Toda la noche dio vueltas en la cama tratando de recobrar el control de su cuerpo y su mente.

El día del concurso llegó, Reyna tuvo que trabajar un par de horas más en el restaurante pero tan pronto su jefe se lo permitió se fue rápidamente a su casa, contaba apenas con tiempo suficiente solo para cambiarse de ropa y alcanzar a arreglarse para esa noche. Decidió usar un vestido que compró cuando aún estaba en la universidad y solo lo había usado una vez para un baile y ya que no había tenido oportunidad de volvérselo a poner pensó que la ocasión lo ameritaba. El vestido revelaba su bien torneada figura y esta vez no le importó el hecho de que llamaría la atención de los demás en la pista de baile.

Cuando llegó al club pudo ver una larga fila de gente parada afuera de la puerta esperando entrar. El concurso de baile había atraído a muchos espectadores y eso ocasionó que le fuera difícil encontrar un lugar en el estacionamiento así que tuvo que irse a estacionar bastante lejos de la entrada. Se apresuró para poder llegar al frente y conseguir un lugar en la línea, por fortuna uno de los vigilantes de la puerta la vio y le dijo que por ser participante del concurso no tenía esperar y le abrió camino. Tan pronto entró le agradeció al cuidador, pasó por el guardarropa para entregar su abrigo y su bolso y se dirigió directamente hacia la pista de baile, justo en ese momento escuchó que anunciaban su nombre lo que hizo que toda la atención de los presentes se volcara hacia ella mientras caminaba hacia la pista, los demás bailarines ya estaban listos ahí y dando un paso atrás le permitieron atravesar.

Ella llevaba unos zapatos de tacón de tres pulgadas de alto que encajaban perfectamente con su cuerpo y acentuaban su balanceo al caminar. Los hombres en el público no perdían de vista cada movimiento que hacía. De entre la gente escuchó a Kelley llamarla por su nombre y se acercaba para desearle buena suerte. Reyna se sorprendió de verla entre la audiencia y no como participante, Kelley le explicó que desafortunadamente no estaría en el concurso porque su compañero tuvo una emergencia familiar que le obligó a salir fuera de la ciudad. De pronto volteó y vio que estaba rodeada por las demás de sus amigas. Jennifer la tomó de la mano y comenzó a darle vueltas y vueltas mientras Sylvia lanzaba un fuerte silbido de admiración diciendo.

—¡Caramba chica te ves deslumbrante!

Y con un choque de manos todas expresaron estar de acuerdo. Jennifer
volteó a Reyna en dirección hacia la pista para que mirara hacia donde ya
la esperaba su compañero de baile. Sus ojos se enfocaron en los de él y sin
dejar de mirarlo caminó para acercarse y al llegar a su lado sin quitarle los
ojos de encima simplemente le dijo hola.

JD estaba mudo como la mayoría de los otros hombres, la miraba de arriba
a abajo observándola toda por entero y suspirando lo único que atinó a
decir fue.

—¡Ohhh Reyna! ¡Te ves . . . fantástica!

Ella lo miró, le sonrió y le preguntó si estaba listo para bailar. En pocos
segundos los nombres de cada pareja de concursantes fueron anunciados.
Cuando mencionaron el nombre de Reyna y JD un fuerte grito proveniente
de las chicas se escuchó. Dos de los amigos de él se acercaron con mucho
entusiasmo para desearles buena suerte y entre bromas uno de ellos
comentó que no había manera de que la pareja pudiera perder ese concurso
especialmente si la compañera bailaba tan bien como se veía. El otro amigo
le preguntaba a JD si había visto la manera en que los hombres miraban
a Reyna mientras ella caminaba por el lugar y el respondió con una gran
sonrisa en la cara diciendo.

—¡Claro que noté como la miran! Y si lo hacen es simplemente porque
ella se ve increíble está noche.

Se escuchó por el sonido que pedían a los asistentes despejar la pista
rápidamente para los competidores y entonces empezó el concurso. Fue
por demás muy emocionante ver a las primeras parejas bailar lo cual
permitió a Reyna relajarse antes de que la llamaran. Finalmente llegó su
turno, anunciaron su nombre y el de JD y la música comenzó y como
siempre ella esperó a que el la presidiera para acoplarse a sus movimientos.
Las luces fueron bajando de intensidad y únicamente quedó la iluminación
sobre sus cabezas lo que hacía que los brillos de su vestido destellaran aún
más.

Cada vez que JD marcaba las vueltas capturaban la atención de los
jueces del concurso y de entre el público se escuchaban expresiones de

admiración, principalmente de los varones y es que en cada giro que él la hacía dar, su vestido se levantaba mostrando sus largas y suaves piernas e incluso un mínimo de su ropa interior de color de rosa brillante que combinaba con atuendo se podía ver apreciar. Los hombres no paraban de aplaudir. JD estaba muy ocupado en sus propios movimientos para notar lo que estaba sucediendo y reservaba sus mejores pasos para el final que prometía ser único, tenía planeado un increíble movimiento que logró cuando remató la pieza haciendo que ella posara tendida. Su actuación fue tan bien ejecutada que los espectadores gritaron fuerte y aplaudieron sin detenerse hasta que abandonaron la pista de baile y ambos quedaron por demás extremadamente complacidos.

Después que las parejas restantes terminaran sus actuaciones todos esperaban a un lado para escuchar la decisión de los jueces. JD le dijo a Reyna que no importaba si ganaban o perdían pues al menos él ya había ganado con el honor de haber bailado con ella esa noche, ella entusiasmada y agradecida lo abrazó y antes que se dieran cuenta sus labios se encontraron. Fue un momento que ella hubiese deseado eternizar pero tuvieron que volver a la realidad al escuchar a los jueces llamar a todos los concursantes y hasta entonces sus bocas se separaron sin tiempo de recapacitar acerca de lo sucedido.

Caminaron juntos a través del salón deteniéndose cerca del barandal en donde estaban las chicas que los llenaban de elogios y felicitaciones por su grandiosa presentación. Kelley se acercó y dio un gran abrazo a Reyna mientras les decía.

—¡Chicos, ustedes dos lo hicieron muy bien! ¡Estuvieron realmente increíbles está noche!

Sylvia también se acercó, la abrazó y le dijo.

—¿Te das cuenta lo simple que es la vida? ¡Es solo como tú quieres que sea!

Reyna sabía justo lo que eso significaba y con un abrazo le agradecía por ser su amiga.

Sylvia y Jennifer chocaban sus palmas y bromeaban la llamándola "la reina de la salsa". No había duda de que esa noche era su noche, había estado muy alegre y más lo estuvo cuando llegó el momento que anunciaron a los vencedores de concurso nombrándolos a ella y JD como ganadores del premio de primer lugar y de los mil dólares para cada uno y todos gritaban y aplaudían.

Luego les entregaron el dinero y lo primero que hizo Reyna fue dirigirse rápidamente a donde estaban sus amigas y con naturalidad dio a cada una de cien dólares expresando su agradecimiento, consideró que debía compartir el premio pues sin su ayuda no habría podido ganar, ese gesto las hizo llorar pero mas que nada fue el sentimiento por el vínculo de amistad que se había formado entre ellas.

JD no podía creer lo que estaba atestiguando, pensaba en lo generosa que había sido Reyna hacia sus amigas y no solo por el dinero sino además por el júbilo que igualmente estaba compartiendo con ellas y por un momento sintió que los ojos se le humedecieron con lágrimas de alegría al mirar a las chicas en su celebración.

El concurso de baile atrajo a mucha gente y el club estaba repleto, más de lo que habitualmente estaría cualquier otro sábado por la noche, tanto, que por momentos se hacía incómodo y difícil moverse, más aun cuando la mayoría de los ahí presentes eran jóvenes que por lo regular tienden a no mostrar mucho respeto hacia los demás en la pista, de hecho Reyna ya había sido pisada en varias ocasiones. Ella estaba algo molesta por haber sido lastimada y preguntó a JD si le gustaría ir algún otro lugar, él consideró que efectivamente el club estaba muy lleno e incluso había visto mucha gente derramando bebidas sobre la pista de baile haciendo inseguro el sitio y los dos acordaron marcharse de ahí.

Reyna se despidió de las otras chicas y les dijo que las vería el lunes en la oficina mientras JD aguardaba por ella en el guardarropa, luego de recoger sus cosas salieron juntos del club. En su camino hacia el estacionamiento JD preguntó a Reyna a dónde le gustaría ir.

—No estoy segura,—ella dijo.

El volteó a verla y sus miradas se encontraron, la tomó por la mano y la acercó hacia su pecho, se quedaron así por un instante, muy cerca uno del otro y sin dejar de mirarse a los ojos él suavemente se aproximó aún más a ella. Mil pensamientos pasaron por la cabeza de Reyna cuando quedaron frente a frente, mientras que suavemente JD le susurró al oído.

—¿Te gustaría ir a mi casa para que podamos estar a solas?

Reyna se alejó de él momentáneamente pero sin dejar de mirarlo. No estaba segura de qué hacer, su cuerpo comenzó a cosquillear con deseos de ser abrazada. Su mente buscaba razones para no permitirse sentir la pasión que recorría todo su ser arrojando un fuerte ímpetu de amar. El deseo ardiente abría su corazón y su mente a la idea de lo que estaba necesitando en ese momento para traer de vuelta el espíritu de la vida que por mucho tiempo no había experimentado. Su cuerpo estaba a punto de explotar, tenía que hacer algo pronto para aliviar sus deseos. Sin dudarlo se acercó a JD y lo besó en los labios con una pasión tal que la pregunta fue respondida en más de un sentido.

JD encaminó a Reyna a su auto, luego abordó el suyo y ella lo siguió hacia su apartamento, que por cierto se hallaba no muy lejos del club de baile y muy pronto llegaron. Se sentaron cómodamente en el sofá y él ofreció algo de beber. Un sinnúmero de pensamientos iban y venían por la mente de ella.

Después de unos minutos él se levantó a poner un poco de música, un suave jazz comenzó a sonar y la melodía parecía ser el preludio que conduciría a lo que iba a ocurrir después. El sutil ritmo fue llevando poco a poco a Reyna a los brazos de JD. De forma natural y casi sin darse cuenta comenzaron a besarse apasionadamente sin límites y en tan sólo unos instantes ella se halló de pronto siguiéndolo hacia a su dormitorio, se colocó a su lado y sin nada más que decir se permitió saciar ese ardiente deseo de ser amada y sentir el toque de un hombre que por tanto tiempo había estado añorando, dócilmente se dejó llevar por la pasión del amor que muy pronto la hizo emanar esa sensualidad que fluía a través de su cuerpo.

Después de hacer el amor con JD se quedó acostada a su lado y sin darse cuenta del tiempo cayó en un sueño profundo que la dejó perdida por un par de horas hasta que el sonido de una sirena de emergencia la despertó, al advertir lo tarde que era se levantó rápidamente de la cama, vio que JD seguía dormido y sin hacer ruido se vistió en el baño, luego tomó su bolsa y se fue del apartamento.

Manejaba hacia su casa y los recuerdos de lo que había pasado esa noche dibujaron en su rostro una gran sonrisa. Consideró que aún con lo malo que esto pudiera parecer, cumplía con la obligación moral que se debía a sí misma. En ese momento supo que estaba en control de su propia vida y recordó lo que Sylvia le había dicho la noche anterior.

"¿Te das cuenta lo simple que es la vida? ¡Es solo como tú quieres que sea!"

Esas palabras se revolvían en su cabeza como queriendo aclarar su mente de cualquier mal pensamiento que comenzara a aparecer pues necesitaba que ese sentimiento de amor le trajese paz espiritual. Al llegar a su casa tomó una larga ducha caliente para borrar la evidencia del hecho placentero que había tenido esa noche.

Reyna continuó frecuentando el club de baile los jueves por la noche. Las semanas pasaban, los meses pasaban y ella se hallaba cada vez mas envuelta entre los brazos de JD y cada semana después de ir a la "La Rumba" lo seguía a su apartamento. Tal parecía que ambos necesitaban de ese afecto del uno para el otro y ninguno preguntaba ni esclarecía hacia dónde se estaba dirigiendo esa relación, de hecho, el seguía sin saber lo suficiente acerca de ella, incluso ambos ni siquiera sabían sus respectivos apellidos.

JD gustaba de ese espíritu libre de amor que encontró en Reyna y nunca se tomó el tiempo para preguntarle acerca del anillo de matrimonio que ella portaba o por su apellido, ni siquiera su domicilio o su número de teléfono. El la veía cada jueves por la noche en el club y de ahí se dirigían hacia su cama con lo cual quedaba mas que satisfecho. Si acaso lo único que sabía de más era que ella trabajaba en el restaurante pero tampoco tenía idea que era solo de medio tiempo.

Reyna por su lado también disfrutaba la idea de que él nunca le preguntara nada que la tuviese que llevar a dar cualquier posible explicación o interrumpir su relación, era su momento en el tiempo y realmente parecía que a ninguno de los dos les importaba quienes eran, de dónde venían o a dónde iban, lo único que les importaba era solamente encontrarse para satisfacer sus necesidades sexuales y ambos así lo entendían.

Una de esas noches después de bailar Reyna siguió a JD a su casa como de costumbre y de la misma manera que lo había estado haciendo por muchos meses dieron rienda suelta a sus instintos. Pero esa noche ella se quedó dormida perdiendo la noción del tiempo, de pronto ya muy tarde despertó asustada y dando un brinco fuera de la cama se vistió apresuradamente y salió a toda prisa sin percatarse de que había olvidado su bolsa.

Eran mas de las tres de la madrugada y tenía que estar en el trabajo temprano la mañana siguiente. Llegó a su casa e hizo algunas cosas antes de prepararse para ir a trabajar. Cuando estuvo lista para salir se dio cuenta que no tenía su bolso, frenética puso su memoria a trabajar y recordó que la había olvidado en el apartamento de JD en el piso a un lado del sofá, por fortuna había dejado su teléfono celular en el auto para recargarlo y ahí tenía el número de JD, lo llamó pero él no contestó y le dejo un mensaje pidiéndole le llevara su bolso al restaurante donde ella trabajaba en la noche.

JD despertó y se sorprendió al no verla, no recordaba que ella se hubiese despedido, ella se había marchado cuando él aún seguía dormido. Estaba listo para tomar una ducha y prepararse para irse a trabajar cuando descubrió que la bolsa de Reyna estaba un lado del sofá, la levantó del piso y la colocó sobre la mesa cerca del sillón. Instintivamente tomó el teléfono para llamarle pero pronto se dio cuenta que no tenía ningún numero donde localizarla. El nunca le había solicitado su número telefónico y ella tampoco se lo había dado, siempre había sido ella la que llamaba, entonces pensó lo absurdo que era eso, después de todo ese tiempo de conocerla jamás le había preguntado por su teléfono, de la manera más natural pensó que tal vez en la bolsa tendría algún número donde localizarla.

Comenzó a hurgar dentro del bolso y lo primero que observó fueron dos cartas al parecer listas para ser enviadas, tenían la dirección, las estampillas y en el remitente de ambos sobres decía: "Señor y Señora Goldsmith", eso le causó algo de intriga y siguió buscando dentro de la bolsa, encontró la identificación de ella y su licencia de conducir y vio que el apellido correspondía al de los sobres. La duda le invadió y trató de convencerse a sí mismo que posiblemente las cartas eran de los padres de ella, más tarde encontraría evidencias que probarían que no era así.

Sus manos comenzaron a temblar, ya no buscaba un número de teléfono, ahora lo que buscaba era algo más que lo sacara de la duda que empezaba a invadirle de que Reyna era una mujer casada. En su afán por no querer saber la verdad seguía tratando de pensar de otra manera, tal vez pudiera ser que fuese divorciada. Siguió curioseando y encontró un álbum de fotografías que ella cargaba en su bolsa. Una de las fotos casi le hace llorar cuando la vio. ¡Era la foto de la boda de Reyna! Ella aparecía ahí feliz con su esposo mostrando su anillo de bodas. Esa escena se quedó en su mente y recordó que era el mismo anillo que ella siempre traía en su dedo y al cual jamás le tomó importancia.

JD comenzaba a llenarse de ira y entre más cosas encontraba en ese bolso mas se le rompían el corazón de llegar a la dura conclusión de que en realidad ella era una mujer casada y se lamentaba en voz alta.

—¿Cómo pudo haberme hecho eso a mí?

Al parecer se estaba dado cuenta hasta ahora que la relación con Reyna se había convertido en algo más que solo sexo, advirtió que muy dentro de sí amaba todo acerca de ella y por momentos incluso hasta pensó que había llegado el verdadero amor a su vida y como las cosas iban tan bien nunca cuestionó nada.

Estaba destrozado, cayó de rodillas poniendo las manos sobre su rostro y sin fuerzas para sollozar clamaba el nombre de Reyna, luego su mente quedó en blanco por unos momentos, la idea de que se había enamorado de una mujer casada comenzó a ponerlo furioso y deseaba estar equivocado exclamando hacia sí mismo.

—¡No, no, no! ¡Esto no puede ser cierto! ¡Reyna no es el tipo de mujer que traicionaría!

Y mientras sollozaba recapitulaba por todo lo que había pasado antes de que ella llegara a su vida. Había sufrido una terrible pérdida cuando su madre falleció y le tenía tanto apego que se llenó de un profundo dolor muy difícil de superar y fue justo cuando estaba tratando de sobreponerse que conoció a Reyna. Era como si ella hubiese llegado en el momento preciso para llenar su vida con alegría y felicidad. Pero ahora comenzaba a sentir que el dolor regresaba de nuevo. Arrojó la bolsa al piso y comenzó a caminar de un lado para otro derribando todo lo que encontraba en su camino. Hasta que después de un rato logró serenarse un poco y finalmente decidió irse a trabajar y tratar olvidarse de eso. Sin más nada que pudiera hacer se apresuró a salir para irse a su trabajo.

Mientras conducía por su mente cruzaba la idea de que tal vez Reyna podría haberle llamado al darse cuenta que dejó su bolsa, si, quizás quiso comunicarse, rápidamente buscó su teléfono celular pero no pudo ni siquiera prenderlo porque estaba totalmente sin batería. Con toda la agitación que había sucedido la noche anterior se había olvidado de ponerlo a cargar, lo conectó en el auto pero no podía esperar a que se recargara aunque fuera un poco pues ya se le había hecho demasiado tarde y tenía que apresurarse, se fue corriendo y dejó el teléfono cargando en el automóvil con la idea de regresar por el mas tarde.

Ese día Reyna tuvo una junta en la oficina que se alargó más de lo normal, se le hizo tarde para poder parar en casa y se vio forzada a irse directamente hacia el restaurante. Confiaba en que JD hubiese recibido el mensaje que le dejó temprano para pedirle que fuera al restaurante a traerle su bolso, sin embargo no tenía idea de que él había recibido el mensaje demasiado tarde y que para ese entonces estaba muy molesto por haber descubierto que era casada y por supuesto que de haberlo sabido jamás le habría permitido que fuera a verla.

Esa noche el restaurante estaba repleto de clientes y su jefe le solicitó quedarse un poco más de lo habitual, ella aceptó aunque un poco desilusionada porque estaba segura de que JD llegaría más tarde y tendrían muy poco tiempo para estar juntos.

Finalmente cuando se despejó de tanto trabajo su jefe se acercó para decirle que podía retirarse, Reyna le agradeció y se fue a rápido a marcar su salida. Estaba realmente cansada, entre el desgaste de haber dejado el apartamento de JD muy tarde la noche anterior, el haber tenido una junta tan larga en su trabajo de día y para colmo quedarse a trabajar hasta tarde en el restaurante.

Pero con todo y eso se dirigió hacia la puerta muy contenta pensando que estaba a punto de reunirse con JD, a quien por cierto no había visto por ahí todavía. Miró alrededor y no vio nada, luego se dirigió por la acera hacia el estacionamiento y ahí lo pudo ver, estaba parado a un lado de su auto esperándola.

Cuando se aproximaba caminando pudo notar que había algo raro en él, actuaba extraño, diferente, notó que aunque se dio cuenta que ella se aproximaba sus ojos se quedaron fijos mirando hacia el suelo. Reyna pudo ver que en su mano sostenía el bolso. Caminó deprisa para acercarse más y lo saludó con una gran sonrisa al tiempo que le agradecía por traerle su bolsa. Sin embargo no recibió respuesta alguna, el continuaba mirando al piso evadiendo la mirada.

Reyna entonces supo que algo andaba seriamente mal. Le preguntó qué era lo que pasaba y trató de tocarle el hombro con la mano. JD sosteniendo aun la bolsa hizo un movimiento hacia atrás evitando que ella lo abrazara. Ella trató nuevamente de poner la mano sobre su hombro y le preguntó una vez mas si algo andaba mal.

JD sin decir nada le entregó el bolso, luego dio un paso atrás y se limitó a mirarla. Ella veía que él lanzaba ira por los ojos lo que causó un poco de temor apartándose un poco. Una vez más ella intentó abrazarlo y él ardiendo en cólera la tomó por la muñeca, le levantó la mano y se la volteó para poner frente su vista el anillo que portaba gritándole.

—¿Qué significa esto?

Reyna aunque no entendía nada al principio vio que los ojos de él estaban fijos sobre el anillo. Luego le soltó la mano y lleno de rabia esperó callado a que dijera algo. Ella tomo aliento, iba a hablar pero antes de que pudiera responderle él colocó las manos en sus caderas tomando una posición contundente y lentamente se acercaba hacia ella de forma amenazante y gritando le preguntó.

—¿Qué es lo que tienes que decir al respecto?— Reyna, ¿eres casada, ha?

Ella se quedó ahí quieta mirándolo calmadamente pero sin aceptar el desplante de cólera que el manifestaba y le dijo con voz muy suave.

—Sí, estoy casada,—bajó la cabeza y desvió la mirada hacia otro lado.

Qué más podría haber dicho en ese momento, cualquier otra cosa hubiese sido incorrecta pues de hecho JD la había atrapado en flagrancia. Estaba furioso y quería aclararle que cometía un desliz. Ella trató de explicare la situación por las que estaba pasando en su matrimonio pero fue en vano, él no la escuchaba y a cada momento que ella trataba de decir algo él seguía interrumpiéndola.

Varias veces ella le pidió que le permitiera hablar, solo quería que escuchara lo que tenía que decir pero ya en esos momentos él había perdido control de sí mismo y comenzó a reprocharle en la cara el por qué no le dijo que estaba casada pero no le daba tiempo a que pudiese contestar. El se movía hacia atrás y hacia adelante agitando las manos como si quisiera golpear algo. Finalmente se detuvo y le preguntó de nuevo.

—¿Por qué? . . . ¿Por qué, por qué no me dijiste nada?

Reyna lo miró directamente firme a los ojos y con firmeza le dijo.

—¡Tú nunca me lo preguntaste! Creo que en todo este tiempo pudiste ver el anillo, nunca traté de esconderlo de ti, ha estado aquí en mi dedo siempre. Nos hemos tomado de la mano muchas veces, incluso cuando hemos hecho el amor este anillo ha estado aquí. ¿Por qué entonces no me lo preguntaste en esos momentos? ¡Nos hemos estado viendo por más de un año y si en todo este tiempo ni una sola vez quisiste saber por qué traía el anillo supuse que a ti no te importó mi situación jamás!

Esas palabras paralizaron los pensamientos de JD dejándolo confuso y sin nada que pudiera decir. En seguida Reyna le pidió alejarse de su camino para que pudiese entrar a su auto y marcharse. El seguía enardecido pero sin saber que decir en realidad porque Reyna le había volteado la jugada haciendo que cayera en cuenta que efectivamente ignoró el hecho de que ella siempre portaba ese anillo, de que ciertamente estuvo ahí todo el tiempo justo frente a sus ojos y nunca le importó. Y enfurecido como estaba de saberse sin argumentos lo que hizo fue atacarla discutiendo y maldiciéndola al punto de decirle que era una "cualquiera".

Al escuchar esos insultos ella de inmediato se sintió totalmente abatida, sobre todo al recordar que esas fueron las mismas palabras que Lexus había utilizado para ofenderla, no pudo más y estalló en llanto, caminó pasando de lado, arrancó el motor de su auto y se alejó del lugar sin decir una sola palabra y ni siquiera voltear a mirarlo mientras él se quedaba ahí lleno de rabia.

La mente de Reyna estaba en blanco, se limpió las punzantes lágrimas y un sentimiento de vacío se apoderó de ella mientras trataba de recapitular lo sucedido. Nada tenía sentido, parecía que no importando lo que hiciera, siempre acababa triste y en soledad. Cuando llegó a su casa, estaba tan cansada que lo único que hizo fue irse directamente a la cama.

JD después de ver a Reyna alejarse subió frenético a su automóvil, pisó el acelerador y rechinando las llantas salió velozmente como si necesitara escapar de esa ira. Iba con tanta rabia que ignoró una señal de alto, para su mala suerte un policía venía en dirección contraria y lo vio pasarse de largo la señal, dio la vuelta y colocó la patrulla detrás de su auto pero él seguía tan abstraído en su irritación que ni siquiera se dio cuenta de las luces de la patrulla hasta que escuchó el sonido de la sirena diez calles después de la señal que cruzó sin parar, detuvo su automóvil en el acotamiento y en unos cuentos minutos recibió la infracción. Todo le estaba yendo mal y en su ofuscación enseguida culpó a Reyna por lo sucedido, una razón mas para estar molesto.

Pero lo que mas lo enfurecía era la explicación que ella le dio por no haberle dicho que estaba casada, esas palabras hacían eco en su mente y con una burda imitación repetía. "¡Tú no me preguntaste!"

Cuando JD regresó a su casa se sentó en el sofá pensando en todo lo que había pasado ese día. Su mente viajaba de un lado a otro y se preguntaba a si mismo cuál era la verdadera razón del por qué estaba tan enfadado con Reyna, en el fondo bien sabía que ella nunca le mintió o le fue deshonesta. Miles de pensamientos afloraban en su mente haciendo que se diera cuenta que de hecho había sido él quien inició la relación. Fueron muchas las veces que ella ignoró sus acercamientos hasta que logró hacerla sentir algo para que accediera a sus insinuaciones. Pero con todo y eso, lo único que resumió en esos momentos fue que ella tenía la responsabilidad de decirle directamente que estaba casada.

Seguía ahí sentado sin aceptar que él era tan responsable como lo era ella, sin embargo, hasta en medio de la ira que sentía extrañaba el tierno trato de Reyna y comenzaba a sentirse muy mal por lo que había pasado y por todas las horribles cosas que le dijo. Era la primera vez que una mujer había tocado su ser tan profundamente.

Y quería pensar que ella solo lo había usado para satisfacer sus deseos sexuales como lo habían hecho ya algunas otras mujeres en el pasado pero también recordaba que alguna vez comentó con sus amigos que no iba a pasar mucho tiempo para que consiguiera llevarse a Reyna a la cama, incluso estuvo dispuesto a apostar con ellos que lo lograría. Era solo sexo lo que él estaba buscando y eso fue lo que consiguió, ninguno de los dos exigió nada del otro, ella jamás menciono que se hubiese enamorado de él o que lo amaba ni tampoco le preguntó nunca acerca de ninguna otra mujer o de su pasado de igual manera que el jamás trató de averiguar nada acerca de relaciones pasadas o presentes de Reyna. Para ambos todo eso fue algo sin importancia.

JD se sentía muy confundido tanto por el hecho de admitir que Reyna había sido la primera mujer que logró llamar totalmente su atención, como por haberle hecho el amor con tanta pasión que no podía evitar esos ardientes deseos de tenerla constantemente, inclusive en esos momentos, las ganas de estar con ella calcinaban lo mas profundo de su ser.

La vergüenza lo estaba sobrecogiendo. El haber tenido sexo con ella por tanto tiempo y no saber nada de su vida o por lo menos haberle preguntado si estaba libre o si alguna vez había estado casada lo hicieron sentirse un estúpido sin embargo continuaba pensando que era únicamente ella la que tenía la obligación moral habérselo dicho

Aunque Reyna también estaba molesta sintió que efectivamente debía una explicación a JD. Unos cuantos días después le mandó una carta que escribió con la intención de explicarle sus razones, manifestándole que jamás pensó haber hecho nada malo y que nunca, de ninguna manera, había tenido el propósito de engañarlo. Pero pasó el tiempo y ella jamás obtuvo respuesta alguna de esa carta que mandó. Todos los días revisaba el correo para ver si había algo, cualquier cosa, una señal de que él hubiera leído o al menos recibido la carta pero eso nunca pasó.

Entonces simplemente desistió y decidió seguir adelante con su vida, lo cual fue verdaderamente difícil pues se dio cuenta de que también se había involucrado sentimentalmente, nunca pensó que sus sentimientos hacia JD hubieran ido más allá de lo meramente sexual. Reflexionó mucho acerca de lo que había pasado y llegó a la conclusión de que ciertamente ella tenía la obligación moral de haberle dicho que estaba casada aunque con ello hubiese terminado con esa relación.

Y no volvió a haber una sola palabra entre ellos, Reyna dejó de asistir al club, había perdido todo deseo de bailar del mismo modo que decidió perder también los recuerdos de JD y dedicarse únicamente a restablecer su vida y pasar más tiempo con su familia.

Continuó con su trabajo en el restaurante, necesitaba seguir obteniendo dinero extra para poder pagar las cuentas médicas que estaban fuera de control y aunque se vio obligada a recortar muchas cosas que necesitaba por fortuna contaba con algo de ayuda de sus padres. Pero más que nada lo que trataba era de mantenerse ocupada y alejada de más problemas como el que había pasado entre ella y JD.

Poco a poco Reyna se recuperaba de esa experiencia. Pasaba el tiempo y ella seguía con su vida. Un día salió de compras y llevó a Lexus consigo, así además de hacer sus mandados sería benéfico para él salir fuera de casa por unas cuantas horas. En el centro médico la habían instruido para que supiera como salir con él y su silla de ruedas y estaba lista para poner en práctica sus nuevas habilidades.

Entró al estacionamiento del centro comercial y mientras buscaba lugar para estacionar el automóvil no se dio cuenta que justo frente a ella iba pasando JD en su vehículo. El si la pudo ver y con curiosidad decidió esperar y observar de lejos lo que ella hacía. Lo primero que notó es que ella estaba colocando el auto en un lugar asignado a los discapacitados y recordó que Reyna tenía colgando en el espejo retrovisor su vehículo un permiso especial para impedidos.

Y con curiosidad siguió mirando, estaba lo suficientemente cerca para poder verla pero adecuadamente lejos para que ella no pudiera notarlo. Veía como Reyna se bajaba y sacaba una silla de ruedas de la cajuela del auto, la abría y la empujaba dirigiéndola hacia el lado del pasajero, luego abrió la puerta y ayudó a un hombre fornido a acomodarse en la silla, JD puso su atención en Lexus pues le pareció conocido y en seguida recordó que era el mismo hombre que había visto en la foto del álbum de Reyna.

—¡Oh dios mío! ¡Pero si es su esposo a quien está acomodando en la silla de ruedas!—se dijo así mismo sorprendido

Y se quedó mirándolos hasta que entraron al centro comercial y desaparecieron de su vista. JD se quedó atónito sin saber ni qué pensar y entre sus confusos pensamientos recordó que después de algunas semanas de lo sucedido la última noche que discutió con ella recibió una carta que aventó por ahí sin siquiera leerla porque en ese tiempo aún seguía molesto, pensó que tal vez en esa carta ella le explicaba sobre lo que estaba viendo ahora, tal vez esas fueron las razones detrás de su actuar.

Y por un rato siguió pensando y pensando, al parecer hasta entonces todo parecía arrojar algo de luz al malentendido que tenía acerca de la imagen de ella y se preguntaba una y otra vez qué es lo que él habría hecho si estuviese en la misma situación.

Luego su mente regresó justo a aquella noche que la encaró en el estacionamiento del restaurante en el momento en que ella le pedía la dejara explicar su situación y él no se lo permitió. En seguida como si una luz alumbrara su mente, recapacitó en el hecho de que debió haber escuchado lo que ella tenía que decir, él también tenía obligación moral hacia ella de permitirle decir su versión de la historia.

JD no sabía qué hacer y lo único que se le ocurrió fue que debía buscarla. Pero dónde si ni siquiera sabía su número telefónico, en realidad no tenía idea de cómo contactarla y lo único que se le ocurría era que tal vez podría localizarla en el restaurante, si es que aún continuaba trabajando ahí.

El reconsideraba en el hecho de que la relación que tuvo con ella fue meramente física pues supuestamente cada vez que se reunían era solo para bailar sin embargo de cualquier manera siempre terminaban en la cama haciendo el amor. Reyna necesitaba amor corporal y de algún modo supo que él estaba dispuesto a dárselo, eso era lo único que había sido para ella y seguro que el hombre en la silla de ruedas no podía proveerla de sus necesidades sexuales así que buscó en otros lugares.

—¡Pero no! ¡No, ella no tenía esa intención! ¡No pudo ser así porque no fue ella la que me conquistó a mí, fui yo quien lo hizo! . . . ¿O, no?— pensaba JD en voz alta.

Y pensaba que tal parecía que "el cazador había salido cazado". En otras palabras, obtuvo lo que se merecía pues "Lo que se da, se recibe". Tantos pensamientos deambulaban por su cabeza cuando repentinamente recordó algo. No había tirado la carta a la basura, no recordaba bien donde la arrojó y podría haber una posibilidad que estuviese todavía por ahí en algún lugar. Entonces se fue manejando rápidamente, salió del estacionamiento y se dirigió sin parar hacia su apartamento. Cuando llegó busco el bote donde pensó que podía haber tirado la carta, echó un vistazo y efectivamente ahí la encontró toda arrugada.

Sus manos temblaban cuando se sentó en el sofá y abrió el sobre. Y comenzó a leer, la carta iba directa al punto sin preámbulos y poniendo muy en claro el hecho de que de ninguna manera ella había actuado intencionalmente para tratar de engañarle. Le mencionó también que en todo ese tiempo él estuvo dispuesto a darle algo que ella necesitaba y por su parte ella hizo lo mismo, puso énfasis también en el hecho de que él nunca pidió nada más, por lo tanto, ella le dio solo lo que pidió.

Lo escrito ahí era como un cuchillo helado que se clavaba en su corazón sin embargo no pudo negar que lo único que emanaba de esas palabras era pura honestidad. Y siguió leyendo lo que ella escribió:

. . . *"Si tú me lo hubieras preguntado ten por seguro que te lo habría dicho y si por eso si hubieses terminado conmigo yo lo habría acepado. Nunca pensé que me enamoraría de ti ni tampoco que tú lo harías de mí. Yo necesitaba algo y tú me lo pudiste dar pero igualmente tú necesitabas lo que yo te estaba dando.*

Todo era muy simple y lindo para ambos hasta que afloró el amor. El amor puede cegar y al mismo tiempo puede llenar necesidades y traer paz a nuestras vidas pero puede ser un arma de doble filo.

Y también es cierto que uno debe obligación moral a los demás tanto como a uno mismo y he ahí el dilema, ¿cuál de las dos elegimos . . . hacia los demás o hacia nosotros mismos? . . .

Admito que use tu cuerpo y te di el mío a cambio, lo cual claramente pudiste ver pues a ninguno de los dos nos importó nada y lo que queríamos era que nuestras necesidades fueran satisfechas . . .

Tú no lo sabes pero mi esposo sufrió un serio accidente hace cinco años y sigue vivo muy a su pesar porque yo me rehusé a desconectarlo del sistema artificial. Y todos, absolutamente todos los días, desde hace cinco años he tenido que vivir con esa decisión. En ese entonces todos a mi alrededor me dijeron que tomé la decisión equivocada y por desgracia lo he confirmado ahora porque al no desconectarlo para mantenerlo vivo, más que salvarlo, destruí su vida tanto como la mía propia y tan así ha sido, que no ha habido un solo día que él no me lo reproche.

Y vivo con eso día y noche, mi esposo está impedido para hacer muchas cosas, entre ellas no puede tener relaciones sexuales y por eso siente que no es un hombre de verdad, vive forzado a aceptar las cosas de la manera que son ahora.

Puedo ver que tú no eres mejor de lo que es él y a pesar de que tienes todo lo que necesitas para vivir de la manera que un hombre debe hacerlo careces de la capacidad de aprovechar el momento.

Uno ha sido forzado a aceptar las cosas por su condición y el otro por decisión.

Quizá algún día puedas entender lo que quiero decir con todo esto, por ahora solo te digo que lo que yo he aprendido es que; todos nos debemos obligación moral hacia nosotros mismos para vivir la vida y no dejar que la vida nos viva a nosotros . . .

Y concluyó la carta diciendo:

¿Y sabes? . . . Al final, no te he perdido porque realmente no se puede perder algo que jamás se tuvo".

Después de leer todo eso JD se sintió terriblemente mal. El sabía que no podría cambiar las cosas ahora porque ya había pasado mucho tiempo y esas dos palabras—*obligación moral*—parecían taladrar sus pensamientos. Un sentimiento de vergüenza se apoderó de él y tratando de auto reprenderse se decía a sí mismo.

—¡Si tan solo me hubiera importado por que tenía ese anillo le habría preguntado si estaba casada si mis motivos no hubieran estado enfocados únicamente en una sola cosa!

Y con un innegable remordimiento en el alma pensó en que debería intentar contactar a Reyna y así lo hizo. Un viernes por la noche fue al restaurante, vio el auto de ella y se estacionó cerca para no perderla cuando saliera del trabajo confiando en que estuviera dispuesta a hablar. No pasó mucho tiempo cuando ella apareció, como era usual andaba de prisa para irse a casa después de un largo día teniendo dos trabajos.

Reyna estaba totalmente desprevenida y se detuvo en seco al ver a JD parado ahí junto a su auto, luego lo miró fríamente. Habían pasado unos cuatro meses desde la última vez que estuvieron en el mismo sitio y realmente no deseaba tratar nada con él sin embargo cuando le preguntó si podrían hablar accedió. Escuchó atentamente todo lo que él le decía pero tenía perfectamente mentalizado que la relación entre ambos ya había terminado, ella se estaba reintegrando a su vida y por supuesto que no estaba dispuesta a complicársela mas de lo que ya lo había hecho.

El seguía hablando y mientras lo hacía en un movimiento instintivo trató de acercarse de mas y la tomó de la mano, ella se sacudió inmediatamente apartándose de él y le pidió no tocarla, cuando él terminó de hablar ella lo miró directamente a los ojos y le dijo.

—Si todo lo que me has dicho es verdad, ¿por qué te tomó tanto tiempo para buscarme?

JD se quedó sin habla, parecía que eso era todo lo que Reyna necesitaba saber y no había nada mas que él pudiera decir, de hecho nada de lo que dijera la haría cambiar de opinión, entonces sin tener nada mas de que hablar, ella caminó pasando de lado y como lo hiciera antes, se alejó sin siquiera voltear a mirarle. Todo había finalizado entre los dos, era por demás, ella nunca iba a cambiar, su decisión ya había sido tomada.

Cuando todas las amigas se dieron cuenta de que Reyna se había involucrado con JD, ninguna de ellas cuestionó el hecho de que seguía casada, eso no parecía ser un problema porque todas sabían de su situación y de algún modo aceptaron lo que ella estaba haciendo pero nunca pensaron en el daño que eso le podría causar. Más tarde cuando Reyna les dijo que ya no lo veía más, inmediatamente tomaron partido por ella. Todas sabían lo que JD perseguía y también sabían lo que estaba pasando en la vida de ella en ese tiempo. Después de todo, habían sido ellas quienes en parte tuvieron algo que ver en que se conocieran y cada una pensaba en la obligación moral hacia Reyna, trataron de colocarse en su situación y al parecer la conclusión fue tal que cada una pensó que habría hecho exactamente lo mismo.

Si bien la obligación moral es más que la propia capacidad para determinar lo que es aceptable, cuando los amigos y la familia se involucran se convierte entonces en un asunto comunitario y de ese modo se hace admisible a los demás para que juzguen.

Reyna permaneció con Lexus y continuó cuidándolo siempre con el mismo esmero. Tres años más tarde él sufrió nuevamente una infección en el cuerpo y desafortunadamente volvió a caer en situación de coma. La historia se repetía y una vez más tuvieron que volverlo a conectar a una máquina de soporte. Sin embargo, como si la vida le hubiese dado la oportunidad de volver el tiempo atrás, esta vez todo fue diferente, Lexus dejó de responder y ya no hubo esperanza alguna de que saliera del coma y ella declinó dejarlo conectado.

Cuando Lexus murió no solo él se liberó del sufrimiento, al mismo tiempo Reyna encontró una nueva oportunidad de vivir liberándose de esa carga que ella sola se echó a cuestas debido a la obligación moral que tenía hacia él.

Reyna continuó con su vida, las experiencias por las que había pasado le dieron otra visión de las cosas, ahora procuraba ver todo con la mentalidad mas abierta y ponía más atención para ver el panorama completo. Y no fueron pocas las veces que atestiguó algunos sucesos que le hicieron ponerse en el lugar de los demás y pensar en qué haría ella en alguna de esas situaciones que involucraban la obligación moral de la gente.

Así fue por ejemplo el caso cuando despidieron a Kelley.

Resulta que una mañana Kelley decidió sacar algo de dinero para la semana de un cajero automático que estaba localizado en el edificio donde ellas trabajaban. Al parecer no se dio cuenta que la persona que usó la máquina previamente no había cerrado su transacción completamente, tecleó su número de identificación e hizo todo el movimiento, la máquina le dio el dinero y se fue a la oficina, se sentó en su escritorio y descubrió que el cajero automático le había dado una cantidad superior a la que ella había solicitado. Al ver el dinero en sus manos no supo que hacer, de inmediato pensó en quedarse con el pero todavía algo dudosa fue hacia donde estaban algunos de sus compañeros de trabajo, incluyendo a su jefa y les comentó del asunto, les preguntó qué debería hacer. Inseguros todos sin siquiera pensar en su obligación moral le recomendaron no decir nada del y quedarse con el dinero argumentando que no había sido su culpa que la máquina se equivocara y le hubiera dado más de lo que ella solicitó.

Con todas esas opiniones a su favor Kelley se sentía mejor con la idea de quedarse con el dinero extra y como queriendo afirmar su decisión fue a preguntarle a sus amigas cercanas, ellas que no quisieron decirle nada pero insistió preguntando directamente a Reyna quien le respondió diciéndole;

—Mi posición así como la de las demás no es decirte lo que debes o no hacer . . . Solo haz lo que sea correcto para ti. Si tú crees que eso sería lo correcto, tu asumirás tus responsabilidades—le dijo.

Kelley solo frunció el ceño, se volteó y se alejó sin responder. Al final de cuentas hizo lo que quiso y se quedó con el dinero pensando que lo devolvería solo si alguien lo reclamaba. Las semanas pasaron y como no hubo reclamo alguno se olvidó del tema.

Unos cuantos días después llamaron a Kelley a la oficina de Recursos Humanos. Cuando ella entró el jefe ya la esperaba y al cerrar la puerta tras de sí notó que había otras tres personas mas.

Sin preámbulos él jefe preguntó a Kelley si había usado el cajero automático en la fecha que lo usó.

—Si lo usé—ella respondió.

—¿Y cuánto dinero recibió de la máquina?—preguntó el hombre.

—Doscientos cincuenta—contestó Kelley.

—¿Y cuánto fue lo que usted solicitó?—dijo él.

—Solo cincuenta . . . ¡Pero cuando pregunté a mis compañeros que era lo que debería hacer todos me dijeron que me quedara con el dinero!, incluso mi jefa me dijo que no mencionara nada.—Kelley replicaba levantando la voz y muy alterada.

En ese momento el jefe de Recursos Humanos le presentó a las otras personas que estaban ahí, eran dos representantes del banco al que pertenecía el cajero automático y junto con ellos estaba a un detective de la policía quien en ese momento entregó a Kelley una orden para comparecer en la corte y le notificó que la empresa a la que pertenecía el cajero automático iba a iniciar una demanda por robo.

Kelley se puso de pie y protestó repitiendo que no era culpa suya que la máquina le diera más dinero del que ella pidió. Estaba exaltándose demasiado y le pidieron que se calamara, luego dirigiéndose al jefe Recursos Humanos le dijo que no era justo lo que le hacían y el detective intervino diciendo.

—Su obligación era haber notificado al servicio del cajero e informar lo sucedido para que ellos tomaran cartas en el asunto y no actuar en cambio como una ladrona.

Después de un rato sin obtener una respuesta lógica por parte de Kelley los hombres salieron de la oficina y el jefe le entregó un cheque por dos semanas de sueldo junto con la notificación de la recesión de su contrato alegando que se vieron obligados a despedirla por la falta que cometió al violar las políticas de la compañía respecto al "Código de Ética".

—El hecho de haber decidido quedarse con el dinero y no hacer nada por devolverlo después sugiere que probablemente usted podría hacer algo similar en la oficina y nos basamos en eso para dar por terminando su contrato de trabajo.—dijo el hombre

—¡Pero yo no hice nada malo!—gritó Kelley.

El jefe le explicó que desgraciadamente la compañía no podía protegerla en ningún asunto de carácter judicial, le dijo además que ella tenía la obligación de haber hecho lo correcto y aunque hubiera preguntado a los demás, ellos no eran quienes tenían que decirle cuál era su deber, mas bien fueron un pretexto para tener a quien culpar. Al oír eso, Kelley recordó que Reyna le había dicho algo similar.

"Mi posición así como la de los demás no es decirte lo que debes o no hacer . . . Solo haz lo que sea correcto para ti. Si tú crees que eso sería lo correcto, tu asumirás tus responsabilidades"

Un rato después apareció el personal de seguridad para escoltarla hacia la puerta diciéndole que recibiría por correo el resto de sus pertenencias.

El lunes por la mañana Jennifer y Rose platicaban, Reyna se acercó a saludarlas y vio que ambas tenían un semblante muy serio. Jennifer le preguntó si se había enterado de lo que pasó con Kelley, ella las miró en espera que le dijeran lo que había sucedió.

—¡Me comunicaron que echaron a Kelley, ya no trabajará más aquí!—dijo Jennifer.

Se preguntaban una a la otra si sabían por qué la habían despedido pero ninguna realmente estaba al tanto de nada hasta que se acercó Sylvia y les corroboró la mala noticia y el motivo por el cual la cesaron.

—Kelley me llamó para decirme lo que había sucedido el viernes por la tarde y comentó que la habían despedido por haber tomado el dinero del cajero automático, solo eso, estaba muy enojada y sin más nada colgó.— comentó Sylvia.

Reyna preguntó— ¿Qué fue lo que ustedes le dijeron a Kelly cuando les preguntó qué debería hacer con el dinero?

Todas se quedaron calladas mientras buscaba en sus rostros alguna pista.

—¡No, no, no! ¡No trates de culparnos a nosotros por lo que le pasó!—dijo Rose.

Entonces Jennifer intervino rápidamente.

—¿Que qué fue lo que nosotras le dijimos cuando nos preguntó?... ¡Nada, no le dijimos nada! Ella nos pidió un consejo y no le dimos ninguno . . . creo que teníamos la obligación moral de aconsejarle hacer bien las cosas.

—¡Pero Kelley igualmente tenía la obligación moral hacia sí misma de hacer lo correcto!—Sylvia agregó

—¡Eso era precisamente lo que en el fondo ella estaba preguntando y esperando oír de nosotras! ¡Se supone que éramos sus amigas!—Jennifer le dijo a Sylvia directamente.

Todas estaban muy tristes y contrariadas por la manera en que las cosas se habían tornado para Kelly, parecía que no habían sido muy conscientes acerca de las dimensiones tan grandes de la situación, sabían que de cierto modo todas le habían fallado a su querida amiga. Reyna, más que ninguna fue quien hizo notorio el deber moral que todas tenían hacia Kelley.

Al darse cuenta de los hechos, Rose comenzó a llorar llamando la atención de todas mientras Sylvia preguntaba.

—¿Qué podemos hacer ahora al respecto?

Reyna dijo que era demasiado tarde para hacer algo, por ahora lo único era tratar de hacerle saber a Kelley lo triste que todas estaban. Sylvia comentó que Kelley estaba muy molesta cuando le llamó y probablemente no le gustaría hablar con ninguna en estos momentos.

Se quedaron en silencio mientras Rose seguía llorando y en seguida se alejó hacia el baño, luego cada una se retiró a sus respectivas oficinas para ocultar la vergüenza que sentían mientras Reyna se quedó pensando.

"Algunas veces la obligación moral puede volverse en nuestra contra en más de un sentido"

Poco después de la tragedia de Kelley Reyna presenciaría algunas otras situaciones y conflictos que involucraban a la obligación moral. Consideraba que aunque todo por lo que había atravesado le había dado cierta sabiduría todavía tenía mucho que aprender.

En cierta ocasión Reyna estaba sentada esperando su turno en la oficina del médico y observaba a una señora con su hijo adolescente. El muchacho pidió a su madre dinero para sacar una lata de refresco de la máquina dispensadora. La señora le dio lo suficiente y cuando el chico iba a poner el dinero en la máquina vio que ya había una lata en la bandeja, el muchacho todo emocionado le dijo a su madre se iba a quedar con ese refresco.

—¿Pagaste por esa lata?—Preguntó la señora.

—¡No, si ya estaba ahí, yo solo la tomé!—el muchacho contestó bruscamente.

—Entonces . . . ¿Tú no pagaste nada?—cuestionó la madre.

El adolescente dijo que no y que si alguien había olvidado recogerla no era su problema y la podía tomar porque si él no lo hacía seguramente alguien más lo haría. La mujer calmadamente le dijo.

—Probablemente esa lata es de alguien, tal vez la persona que la compró tuvo que entrar a la oficina del doctor y no pudo esperar por su refresco . . . Esta bien hijo, solo piensa ¿qué tal si fueras tú al que se le olvido?, recuerda bien que "el que la hace . . . la paga".

El muchacho se quedó pensando por unos segundos luego asintió con la cabeza y en seguida entregó la lata a la recepcionista por si alguien regresaba por ella, volvió tranquilamente a la máquina sacó su refresco y se quedó bebiéndolo mientras leía una revista.

Reyna estaba asombrada de la sabiduría de la madre al utilizar esa simple táctica para educar a su hijo, la señora estaba enseñando al jovencito una lección que con seguridad él aprovechará en el futuro, fue muy sutil haberle dado a entender con unas cuantas palabras que . . .

"Ponerte en el lugar de los demás te hará pensar en no hacer lo que no te gustaría que te hicieran a ti pues si haces lo incorrecto o tomas ventaja de la desventura de los demás, tarde o temprano te llegará el momento de rendir cuentas".

Y con admiración hacia la madre del adolescente Reyna se quedó pensando acerca de cómo a veces hacer lo apropiado en un momento depende de las experiencias basadas en lo que para cada quien es correcto y tanto la obligación moral como el sentido común no son aspectos con los que uno nace sino que necesitan ser enseñados y aprendidos día a día.

Quizá el joven no entendió totalmente lo que su madre estaba tratando de aleccionarle en esa ocasión pero inconscientemente lo recordará en el momento justo y lo usará cuando se encuentre en alguna situación que tenga mayor impacto en su vida.

Otro evento que hizo pensar a Reyna acerca de cómo la obligación moral es enseñada con el ejemplo sucedió mientras andaba de compras un domingo en la tarde. Esa ocasión observó a una señora mayor, su hija y su pequeña nieta de aproximadamente unos seis años que iban caminando por el pasillo cuando la niña se dio cuenta de que en la misma isla de mercancía un anciano afroamericano se inclinó para recoger una bolsa grande de flores y de su bolsillo se le cayó al suelo algo de dinero sin que se diera cuenta. De inmediato la niña le dijo a su madre lo que había sucedido y ésta sin dudarlo inmediatamente recogió el dinero y lo metió en su bolsa mientras la pequeña le preguntaba si se lo iba a dar al anciano, la mujer sin hacerle caso simplemente continuó con sus compras.

Pero la niña no quedó convencida y persistente le dijo a su abuela lo que había ocurrido. Y por la madurez que da la edad la abuela bien sabía que aunque a veces los niños pueden inventar historias por lo general son sinceros y preguntó a su hija acerca de lo que había pasado. La mujer le dijo que ciertamente se le había caído dinero al hombre y ella lo había recogido y se lo guardó en su bolsillo.

—¿Qué hiciste qué?—la anciana increpó a la hija quien inmediatamente contestó con brusquedad.

—¡Hey! ¡Ese tipo de gente siempre nos está robando a nosotros los blancos! ¡Ya es hora de que ellos lo paguen de vuelta!

La abuela echó un vistazo a donde estaba su nieta y observó que la niña parecía estar muy confusa. Luego la hija comenzó a caminar, la anciana la tomó por el brazo para no dejarla ir y le ordenó que entregara al hombre lo que le pertenecía, la mujer entonces comenzó a utilizar insultos raciales para justificar sus acciones negándose a dar el dinero que había recogido del suelo a su dueño.

La abuela contrariada le dijo que si no hacía lo correcto ella sacaría dinero su propia cartera para dárselo al anciano. Al darse cuenta de la seriedad de su madre la mujer no tuvo mas remedio, sacó los billetes y se los entregó a la abuela, luego salió de la tienda protagonizando un gran drama mientras la abuela pedía a su nieta le señalara al hombre.

La niña lo vio en la fila para pagar por sus artículos, buscaba en sus bolsillos y por su cara denotaba que se daba cuenta que no tenía el dinero. Levantó la vista y justo en ese momento vio que la niña y su abuela le hacían señas y se acercaban a él diciéndole que se le había caído su dinero al suelo.

El hombre se veía sumamente agradecido y las bendecía una y otra vez. La señora le pidió que diera las gracias a su nieta delante de todos por encontrar el dinero y le permitió abrazarla. El se arrodilló, agradeció a la niña y ofreció comprarle una barra de caramelo que la pequeña no aceptó sino hasta después de mirar a su abuela para su aprobación.

Fue así como con una lección práctica la abuela enseñó a su nieta los valores de la obligación moral y las recompensas que sus actos le traerán en el futuro.

Ese incidente fue algo muy agradable de observar para Reyna y pensaba.

"La experiencia de verse recompensada por haber hecho lo correcto en el momento adecuado se queda en la gente por el resto de su vida".

Y de entre muchos de los acontecimientos que Reyna observaba hubo uno que la dejó perpleja cuando un amigo le platicó algo que le sucedió. La historia que él le confió la hizo auto cuestionarse fuertemente acerca de sus prejuicios ya que el incidente se trataba de un fuerte conflicto de valores.

Su amigo era un maestro de enseñanza media con el que platicaba muy a menudo y le contó una experiencia que tuvo pero antes le hizo prometerle que guardaría el secreto porque si algo de eso se sabía él podría perder su trabajo.

El asunto comenzó cuando una noche ya tarde él iba manejando hacia su casa, al circular por en una calle muy transitada se dio cuenta que dos de sus alumnas estaban ahí. Lo primero que notó fue que una de ellas estaba de pie cerca de la orilla de la acera mirando en dirección contraria. El pensó que tal vez la muchacha esperaba a alguien que la recogería o si no quizá necesitaba ayuda.

Estaba por detenerse por si la joven necesitaba algo cuando el auto que iba delante de él se estacionaba justo frente a ella, apresuradamente la chica se subió y el auto se alejó. Estaba por irse y justo antes de que arrancara de nuevo la otra alumna se acercó a la puerta del pasajero de su auto como si estuviese esperando por él.

El maestro bajó la ventanilla, la muchacha lo vio y se echó hacia atrás, él preguntó si esperaba a alguien, tenía algún problema o si necesitaba que la llevara a su casa, ella de una forma muy particular le dijo que no. La chica se volteó y se fue mientras que él veía por el espejo retrovisor que se subía al auto que se detuvo detrás del suyo. El se quedó con algo de dudas pero no dio demasiada importancia al asunto, pensó que las chicas esperaban a sus familiares ahí y dio marcha hacia adelante para tomar el camino e irse a casa.

Cuando llegó a la esquina vio a otra más de sus alumnas que estaba sentada en la parada del autobús que venía en dirección contraria, era la tercera discípula que veía en unos pocos minutos. Esperó un momento para asegurarse que la muchacha se subiera con bien al autobús pero cuando éste se detuvo en la parada ella no lo abordó. Segundos después la chica se subió rápidamente a un vehículo que se acercó y se marcharon de inmediato. Tenía la impresión de haber visto ese automóvil en algún lugar pero en ese momento no podía recordar en donde y por alguna razón instintiva anotó el número de placas, aunque fue todo muy de prisa también alcanzó a echar un vistazo al hombre que conducía advirtiendo que no era el padre de la joven.

Las tres muchachas, además de ser muy populares eran muy buenas estudiantes y formaban parte activa del club de animadoras de la escuela. En fin, se estaba haciendo muy tarde así que se olvidó del asunto y se dirigió a su casa.

Al siguiente día notó que las tres chicas hablaban en el pasillo antes de que comenzara la clase, pasó junto a ellas y les indicó que entraran al salón, ellas lo siguieron y tomaron sus asientos. Durante la toda clase notó que ellas lo miraban persistentemente y pensó que seguramente estaban atendiendo bien la lección.

Pero un día al finalizar su clase paso algo muy extraño, todos salieron pero las tres alumnas seguían sentadas en sus pupitres, volteó a mirarlas y les dijo que por qué no se iban. Las tres se aproximaron a su escritorio y una de ellas le preguntó que si iba a reportarlas. Miró a cada una y antes de contestar trató de entender lo que le estaban preguntando. El se caracterizaba por su gran sentido del humor y respondió a la pregunta bromeando que no las reportaría por no querer irse del salón de clases, él seguía riendo y entonces una de las chicas fue directamente al punto y dijo.

—Suponemos que usted sabe lo que estábamos haciendo la otra noche y queremos saber qué va hacer al respecto.

—¡No sé de qué hablan!—dijo el maestro algo confuso y tratando de ignorarlas.

Luego otra de ellas rompió en llanto y sollozando dijo.

—¡Si usted le dice algo a mi mamá me correrán de la casa!

En ese momento se dio cuenta que había mucho más de lo que suponía y todo comenzó a tener mas sentido. Estaba casi a responderle cuando el siguiente grupo irrumpió en el aula y las tres chicas salieron del salón pidiendo que no las acusara.

En el fondo de su mente el maestro temía que aquella noche que vio a las tres jovencitas ellas estuvieran prostituyéndose. Lo había descubierto casi por accidente y solo por sospechar su deber era ir con las autoridades y hacerles saber lo que pasó ya que de no hacerlo y si descubrían que él lo sabía, corría el riesgo de perder su carrera de docente. Estaba obligado a hacer lo correcto y obedecer la ley pero también tenía obligación moral hacia sus estudiantes. ¿Qué clase de ejemplo daría si no las reportaba? Pero . . . ¿qué pasaría con ellas si lo hacía?

Al principio se le hizo fácil la respuesta de lo que debería hacer sin embargo al siguiente día las chicas lo hicieron realmente mas complicado. En su escritorio encontró un portafolio con una nota encima que decía:

"El contenido será suyo si no nos delata"

Abrió el portafolio y casi se le saltan los ojos de la sorpresa pues había ahí una cuantiosa suma de dinero y una pequeña libreta. Tomó la libretita y comenzó a hojearla, vio escritos ahí varios nombres y números telefónicos. Después de leer algunos de los nombres, colocó de nuevo la libreta dentro del portafolio y lo acomodó debajo de su escritorio.

Ese día esperó hasta que la clase terminara y detuvo a las chicas antes de que se marcharan del salón. Se acercó a su escritorio para buscar debajo, tomó el portafolio y en seguida se los entregó. Las alumnas preguntaron por qué no lo quería, el respondió que se habían equivocado y que no tenía idea de lo que hablaban. Había decidido hacerse el tonto ante ellas y no darles a notar que efectivamente intuía lo que ellas estaban haciendo, luego les dio el maletín y les ordenó salir del aula. Ellas preguntaron si eso significaba que las reportaría.

—¡No sé de qué me hablan!—les dijo nuevamente.

Las chicas realmente no le creyeron y se veían muy preocupadas.

El profesor sintió que tenía que tomarse un tiempo para pensar sobre su obligación moral. Pidió unos días de permiso y durante ese tiempo viajó a su pueblo para reflexionar y tuvo una larga charla con su abuela para ver si podía llegar a una respuesta sobre lo que debería hacer acerca de la situación que le inquietaba

La abuela escuchó todo lo que el maestro le relató y enseguida le expresó que para ella estaba muy claro lo que tenía que hacer, le dio un coscorrón en la cabeza y le dijo.

—¿Por qué tienes que preguntarme a mí? . . . Dime, ¿qué fue lo que viste? ¿Acaso estabas tú ahí viendo a las muchachas en la cama con esos hombres?

—¡No!—contestó el.

La abuela firme y seriamente le dijo.

—¡No puedes juzgar ni estar seguro de lo que afirmas a menos que realmente tú las hayas visto haciéndolo!

Luego el profesor agregó que había algo más y le habló de la libreta, los nombres que vio ahí eran de algunos ejecutivos del pueblo, gente de la policía, miembros de la junta escolar y hasta un médico reconocido.

—No tengo opción. De cualquier manera realmente me siento mejor no diciendo nada. Tal vez las chicas pueden dejar de hacer lo que están haciendo solo por el miedo de saber que yo estoy enterado ¿No debería darles yo la oportunidad de que hagan lo correcto por ellas mismas?—dijo.

El maestro se enfrentó severamente ante su propia moralidad y a la obligación de hacer lo que en ese momento y circunstancias pensó era lo adecuado. Y aunque puso su trabajo e incluso su vida en riesgo, el haber permanecido en silencio demostró con el tiempo que había hecho lo correcto pues ciertamente ganó mas respeto de sus alumnas quienes al pasar el tiempo entendieron por qué él había actuado de esa manera que para ellas fue como si las hubiese encubierto.

Las alumnas siguieron en la escuela y hasta que llegó el día de la graduación fue que tuvieron claro que no habrían logrado terminar si el maestro las hubiera reportado. De hecho, el mismo día de la graduación le confesaron que aquella ocasión cuando les regresó el portafolio con el dinero decidieron terminar con su actividad de prostitución y fue hasta ese día que también él confirmó lo que por muchos años solo habían sido sospechas. El haber actuado como lo hizo marcó para siempre en ellas el camino futuro aunque la decisión de su cambio haya sido más que nada porque dentro de sus corazones palpitaba el miedo a ser descubiertas.

Lo que el profesor hizo con su proceder fue despertar en ellas la obligación moral de examinar las consecuencias de sus actos y hacer lo correcto y así lo demostraría años mas tarde cuando se volvieron a ver.

Con el paso del tiempo las tres chicas, hechas ya unas mujeres de familia, casadas, con hijos y viviendo felices, una a una le agradecieron nuevamente por no haberlas delatado. El maestro estaba satisfecho de que todo se hubiese tornado de la mejor manera, lo que hizo en aquel tiempo fue abrir su mente en cuanto a la obligación moral hacia sus estudiantes y hacia sí mismo pero la decisión de no haber reportado a las alumnas fue verdaderamente una encrucijada.

Cuando Reyna escuchó esta historia luchaba contra los prejuicios que tenía sobre la prostitución, especialmente en adolescentes, aunque trataba de ver la imagen completa sabía que su proceder hubiese sido diferente al de su amigo debido a su parcialidad. Ella creía que las jovencitas quebrantaron la ley y merecían el castigo de no graduarse e ir a la cárcel.

Sin embargo, con el tiempo y después de largas horas de plática con el maestro, su mentalidad se abría hacia otras perspectivas. El profesor compartió su dilema con Reyna y le dijo que para él la decisión de no reportar a las chicas fue algo verdaderamente difícil, su carrera estaba en juego pero lo principal no era su trabajo sino sopesar cada elemento, dar un paso atrás y salir del conflicto para ver la imagen completa. Así que cuando ya pudo ordenar todo junto, poniendo cuerpo, mente y espíritu, decidió entonces la acción correcta a tomar y permitir que el tiempo comprobase la conducta adecuada.

El maestro dijo a Reyna lo siguiente:

—Si observamos realmente y evaluamos las circunstancias sabremos lo que tenemos que hacer. Cuando nos desprendemos de calificativos y prejuicios y nos ubicamos con la mentalidad abierta, podemos aclarar entonces la imagen de nuestra obligación moral y cada momento tendremos una lección que aprender como sucedió respecto a las tres alumnas, no supe si hice la decisión correcta sino hasta el día que se graduaron y me dijeron que dejaron la prostitución.

"Recuerda siempre que nuestras acciones no son ni correctas ni incorrectas, simplemente son valiosísimas lecciones para aprender . . . la vida sencillamente es una serie de lecciones"

Y resumió todo diciéndole que se sentía triunfante y medía su victoria con base en relación al éxito que sus alumnos conseguían una vez que terminan su enseñanza media.

—Hoy en día el éxito es medido por la cantidad de dinero que tienes o cuanto puedes ganar. Esas tres chicas han logrado algo ahora y ganan mas dinero en un mes que lo que yo en un año. Ellas encontraron una manera de volverse exitosas trabajando honradamente al abrir un negocio productivo juntas,—dijo, y terminó agregando.

"Como maestro puedo decir que mi trabajo ha terminado cuando me entero de que mis alumnos consiguen valerse por sí mismos mejor de lo que yo lo puedo hacer".

El hecho de hablar con el maestro sobre sus experiencias dio a Reyna cierta tranquilidad. Mas aun cuando pudo abrirse y contarle su historia acerca de la decisión que tomó para con Lexus. Fue tan relajante el haberse desahogado y después haber pasado largas horas de conversación se sintió reconfortada de saber que el profesor no hacía ningún juicio acerca de la determinación de no haber desconectado a Lexus. De hecho, las pláticas con él le dieron la posibilidad de distinguir por si misma de que había tomado tal decisión en un momento en el que pensaba que obtendría un resultado correcto.

Al voltear la vista atrás se daba cuenta de que no pensó con la mentalidad abierta, de haberlo hecho se habría permitido echar un vistazo a su propia obligación moral y considerar lo que era mejor tanto para Lexus como para ella misma. En aquel momento no escuchó ni a los doctores ni a sus padres, fue ella sola quien decidió y hasta ahora comenzaba permitirse así misma captar el panorama completo y las consecuencias que le permitían pensar que a pesar de todo nunca es tarde porque todo lo acontecido le había dejado una invaluable lección.

Reyna estaba muy agradecida con el maestro por su amistad y porque a partir de entonces su punto de vista ante la vida comenzó a ser algo diferente, se volvió menos rígida consigo misma y procuraba tener la mentalidad mas abierta.

—Ahora lo entiendo mejor,—pensaba.

"Cuando en la vida se nos presentan ciertas situaciones, si actuamos con apertura y sentido común se determinará si nuestra conducta es correcta o errónea, es así que nuestra obligación moral no solo es pensar que hacemos algo bien sino es saber cómo actuar vislumbrando las consecuencias primero".

¡Estaba empezando a entender el verdadero significado de lo que era la obligación moral!

Una tarde que Reyna hacía algunas diligencias se encontró con Kelley quien inmediatamente corrió a saludarla pues en realidad nunca estuvo molesta con ella, no se habían visto desde que fue despedida del trabajo hacía algo más de un año. Las dos se abrazaron dándose un largo apretón que sin palabras decía lo mucho que se habían extrañado. Reyna emocionada le pidió que le platicara acerca de su vida y también le preguntó si seguía asistiendo al club a bailar.

—No, ya no voy, retomé la escuela para terminar mi carrera pero ahora tuve que volver para cuidar a mi madre que está muy enferma—dijo Kelley

Reyna se percató que Kelley llevaba un anillo en la mano izquierda y le preguntó ansiosa.

—¿Te casaste? ¡Cuéntame!

Kelley le respondió.— No, no me he casado, estuve comprometida con un muchacho que conocí en la escuela hace seis meses. El me dio el anillo. Las cosas iban bien hasta que mi madre se enfermó y tuve que dejar de nuevo la carrera y también a mi prometido para cuidar de ella y de mi hermano menor. Luego a mi novio lo transfirieron a Michigan, me pidió irme con él pero le dije que no porque tenía la obligación de cuidar de mi familia y seis meses después canceló nuestro compromiso, me pidió el anillo de regreso pero le dije que no se lo daba porque era mío, ¡él me lo había regalado!

Reyna escuchaba la historia al mismo tiempo que en su mente cuestionaba muchas cosas acerca del anillo. ¿Era verdaderamente un regalo? ¿Qué es lo que realmente representó para ella? ¿Qué no es el símbolo de un acuerdo o propósito de consumar un futuro enlace matrimonial? Y si Kelley se queda con el, ¿qué representa ahora?

Los pensamientos de Reyna fueron interrumpidos cuando Kelley terminaba su historia preguntándole.

—¿Tu qué hubieras hecho?

Reyna recordó las circunstancias que llevaron a Kelley a ser despedida y también como en ese tiempo se había acercado para pedirle un consejo acerca de qué hacer con el dinero. Recordó también la culpa en la cara de las otras chicas cuando supieron que la habían despedido y lo mal que se sintieron por no haberle dado un buen consejo cuando se los pidió y esta vez Reyna no quería cometer el mismo error y le respondió directamente.

—¿Yo que haría? Fácil, no dudaría y le devolvería el anillo.

—¿Y por qué harías eso?—Kelley preguntó.

—Le daría ese anillo de vuelta por lo que éste representa y enseguida le dijo.

"El anillo simboliza el enlace entre dos personas. Si es dado como regalo no es una alianza entre una pareja. Pero si es dado como compromiso, entonces es un símbolo de amor entre dos partes y representa las verdaderas intenciones de un deber que con el tiempo establecerá la pureza de esa unión y permitirá a los dos caminar juntos hacia el futuro como si fueran uno solo".

—¡Eso es lo que un anillo de compromiso significa para mí! y por eso es que yo lo devolvería y rompería con ese lazo. Tal vez sea eso por lo cual él te está pidiendo se lo regreses,—le dijo Reyna

Kelley estaba perpleja con la reflexión de Reyna sin embargo no dijo nada, hablaron de otras cosas y después se despidieron, se abrazaron de nuevo y cada quien siguió su camino.

Reyna nunca supo si Kelley devolvió el anillo pero al menos estaba satisfecha de que esta vez había respondido según su obligación moral le dictaba respecto a lo que ella haría si estuviera en una situación semejante. Y al final había sido Kelley quien sin querer dio el consejo a Reyna.

Y hubieron muchas mas historias y muchas más decisiones fueron tomadas por Reyna basadas siempre en tratar de hacer lo correcto en el momento adecuado pero teniendo ahora consciente y reflexionando en que:

"La obligación moral no determina realmente lo que es correcto o lo que es erróneo sino que es un ajuste interno de guías que establecerán lo que es real especialmente cuando tomamos la vida con la mentalidad abierta.

¿Cuántos conflictos pueden ocurrir cuando la obligación moral de unos se confronta con la de los otros? . . . ciertamente que son esta clase de historias las que permiten determinar cuando la obligación moral de uno se anula ante la de los demás y a veces solo el tiempo es el verdadero juez que determinará lo que fue correcto o equivocado en algún momento dado.

Sin duda alguna tanto nuestra obligación moral y actuar con la mentalidad abierta requieren de una aguda conciencia de nosotros mismos que sea objetiva y a la vez flexible y que permita que el sentido común haga que la persona razone y pueda cambiar o modificar sus actos sin prejuicios o parcialidad."

Fin

Sobre la Autora

(Versión en Español)

Reyna Piña, Pedagoga de profesión, escritora por afición. Nació y creció en la ciudad de México.

Desde muy pequeña vivió lejos del hogar materno lo que la hizo afrontar la vida con valor. Aprendió que para obtener lo que se desea hay que trabajar día a día y luchar hasta conseguirlo.

Reyna realizó sus estudios universitarios en su ciudad natal y ha dedicado la mayor parte de su vida laboral a la educación, siendo en su entrañable ejercicio docente donde surge en ella su afición por las letras.

Aunque se especializó en educación para adultos ha dado clases en varios niveles, desde preescolar, en donde fue maestra y directora, hasta nivel medio superior en escuelas públicas y privadas tanto en su país como en los Estados Unidos. Además ha tenido cargos a nivel gerencial en el área de recursos humanos donde ha escrito manuales e instructivos.

Conoció a Gary K. Sowell en cierta etapa de su vida lo cual le hizo revalorar el trabajo de escritor y adentrarse con él en un proyecto del que formó parte no solo aportando ideas y opiniones sino que además, Gary le concedió el enorme honor de hacerla protagonista de "Moral Obligation", título original en inglés y en el que hoy su aporte se refleja aún más al realizar la versión de éste libro en español.

Sobre el Autor
(Versión Original en Inglés)

Gary K. Sowell. Nació y creció en Lakewood, Colorado.

Es el cuarto hijo de siete hermanos varones y una hermana, que contrario a lo que se estilaba en esos tiempos, esta familia de origen afroamericano fue educada en una comunidad de blancos donde su padre, Booker T. Sowell, tuvo que adoptar una postura firme contra una sociedad que no los quería y se dio a la tarea de formar a sus a sus hijos dentro de una cultura que fue implacable con los estadounidenses afroamericanos durante los movimientos de los derechos civiles de los años 60's.

Gary comenzó a escribir sobre la historia de su padre y su familia y ha sido reconocido por la ciudad de Lakewood.

Algunas de sus obras han sido colocadas en los archivos de eventos históricos del condado de Jefferson en Denver así como en el Histórico Museo Belmar, en la ciudad de Lakewood Colorado.